Johann Gottlieb Rohde

Briefe über Schauspielkunst, Theater und Theaterwesen in Deutschland

Johann Gottlieb Rohde

Briefe über Schauspielkunst, Theater und Theaterwesen in Deutschland

ISBN/EAN: 9783743675872

Hergestellt in Europa, USA, Kanada, Australien, Japan

Cover: Foto ©Thomas Meinert / pixelio.de

Weitere Bücher finden Sie auf **www.hansebooks.com**

Briefe

über

Schauspielkunst, Theater

und

Theaterwesen

in [...]

Altona,

bei Schmidt und Kompagnie.

1798.

Aus der Bibliothek von
Joseph Kürschner.

Vorrede

(welche der Verfasser nicht zu überschlagen bittet.)

Mit einer fast leidenschaftlichen Liebe für Kunst überhaupt, hat sich der Verfasser dieser Briefe mehrere Jahre insbesondere dem Studium der Schauspielkunst gewidmet. Er sahe mit Bedauren — wie jeder Freund der Bühne, der sie nicht bloß besucht, um zu lachen — daß wir — vorzüglich seit der Epoche der Opern, in der Kunst mehr rükwärts als vorwärts gegangen sind; daß wir die Natur von unsern Bühnen verloren, und Grimasse und Unsinn an ihre Stelle bekommen haben — daß der Geschmak des großen Haufens so verdorben ist, daß auch einsichtsvolle Direktionen zu den unsinnigsten Stükken greifen müßen, um Einahme — denkende Schauspieler zur Grimasse — um Beifall zu haben —. daß fast allenthalben der gebildetere Theil des Publikums die Bühne nicht mehr besucht — weil sie ihn nicht genügt; daß er sie für einen Sammelplaz hält — wo Müßiggänger Rettung von Langerweile, oder Nahrung für Leidenschaften suchen — und leider! hat er darin nicht ganz Unrecht!

Die Oper wird noch am häufigsten besucht; allein nicht der Schauspielkunst, sondern der Musik wegen. Man betrachtet die erstere als eine so geringe Dienerin der leztern, daß man sich nicht einmal die Mühe nimmt, darauf zu achten, oder zu fodern, daß sie besser seyn solle. Hat der Sänger oder die Sängerin eine schöne Stimme und einen kunstvollen Gesang, so mögen sie spielen, wie sie wollen — oder gar nicht spielen, ihr Beifall ist doch unbegränzt. Da nun die mehresten Mitglieder der Oper zugleich Schauspieler sind, so ist daraus der Verfall der Kunst sehr begreiflich. Man schont die schöne Sängerin im Schauspiele, sie mag auch noch so elend spielen — „weil Schauspiel doch eigentlich ihre Sache nicht ist, und sie in der Oper so vortrefflich singt. Aber sollte man dies? Hat die Kunst nicht so wohl ihre Rechte wie die Musik? — Allerdings! aber ihrer jezzigen Lage nach, möchte der Vergleich sehr zu ihrem Nachtheile ausfallen. Die Musik steht mit ihrer — beinahe — vollendeten Theorie als eine Wissenschaft da, deren Regeln fast jedem bekannt sind; worüber also fast jeder ein richtiges Urtheil fällen kann. Hat der Sänger einen Takt oder einen Ton gefehlt, so weiß jeder daß — und worin er gefehlt hat. Nicht so der Schauspieler! seine Kunst liegt noch wie ein Embrio verborgen, dessen Gestalt man nicht kennt. — Nach einem dunklen Gefühle der Regel trägt der Schauspieler seine Rolle vor — nach einem ähnlichen Gefühle beurtheilt ihn gewöhnlich der Zuschauer. Daher die unzähligen Widersprüche in der Beurtheilung des Spieles. Der Schauspieler glaubt richtig gespielet zu haben, weil er es nicht besser weiß. Dieser Zuschauer glaubt, er hat schlecht — jener glaubt, er hat gut gespielet, aber Gründe für seinen Glauben hat gewöhnlich keiner von beiden; weil es noch keine Theorie, der Kunst giebt, welche die Regeln aufstellet, durch welche das Urtheil richtig geleitet werden kann.

Diese richtige — dem Freunde der Kunst aber traurige — Betrachtung, gab dem Verfasser die Veranlassung zu versuchen: ob die Schauspielkunst sich nicht gleichfalls auf allgemeine, einfache Grundsäzze und Regeln zurükführen lasse? Ob nicht eine allgemeingültige und leicht anwendbare Theorie derselben möglich sey? — Und er glaubt in diesem Versuche nicht unglüklich gewesen zu seyn. Als Mitglied der Direktion einer stehenden Bühne hatte er Gelegenheit, seine Theorie manchem denkenden Schauspieler bekannt zu machen, und ihren großen Nutzen in der Anwendung auf der Bühne zu beobachten. Eine Reise durch einen beträchtlichen Theil Europens, und vorzüglich durch Deutschland gab ihm nachher Gelegenheit, auf allen Theatern, die er fand, die Erfahrung zu machen: daß der Schauspieler sich allenthalben nur in so fern den Beifall des denkenden Publikums erwarb, als sein Spiel mit der Theorie des Verf. übereinstimmte.

Der Verfasser behält es sich vor, seine Theorie der Kunst nächstens in einem ausführlichen Werke dem Publikum vorzulegen. — Gegenwärtige Briefe sind an einen Freund gerichtet, dem er vor seiner Reise das Versprechen gab, ihm von dem Zustande der Kunst und des Theaterwesens in Deutschland überhaupt einige Nachricht zu ertheilen.

Da indeß in denselben sehr oft Beziehungen auf die Grundsäzze und Regeln der Theorie des Verf. vorkommen, so ist es nothwendig, diese hier in so weit zu entwikkeln als zur Verständlichkeit jener Beziehungen erforderlich ist.

Die Schauspielkunst bestehet in dem schönen Spiele der Gestalten und dem schönen Spiele der Empfindungen, in so fern beide mit Rede verbunden sind. — Das schöne Spiel der Gestalten ohne Rede — der Tanz — gehört so wenig hierher als das schöne Spiel der Empfindungen ohne Rede — die Musik.

Die Verbindung des erstern mit der Rede heißt: Geberde, Geberdensprache, Mimik. — Das Wesen der Geberde bestehet in der Versinnlichung, d. i. in sinnlicher Darstellung eines Gefühles, einer Vorstellung, Idee u. s. w.

Diesen Gegenständen der Versinnlichung zu Folge, theilt Engel die Geberden sehr richtig in drei Klassen:

1) Ausdrükkende Geberden — deren Gegenstände Gefühle sind —

2) Malende Geberden, die Vorstellungen, Ideen u. s. w. versinnlichen.

3) Figürliche Geberden, die eine Gemüthsveränderung, einen Uebergang von Gefühl zu Gefühl u. s. w. anschaulich machen.

Die Verbindung des leztern mit der Rede heißt: Deklamation, und bestehet in einer dem Sinne der Rede angemessenen Betonung der Worte.

Die Verbindung überhaupt kann auf eine dreifache Weise geschehen, als:

1) Wenn der Zwek der Geberde und Deklamation, dem Zwekke der Rede untergeordnet ist. (Gestikulation und Deklamation des Redners.)

2) Wenn der Zwek beider, mit dem Zwekke der Rede verbunden, gemeinschaftlich erreicht wird. (Theatralische Darstellung und theatralische Deklamation.)

3) Wenn der Zwek der Rede untergeordnet wird. (in der Pantomime und im Gesange.)

Durch diese richtige Bestimmung der Zwekke wird in der Theorie der Kunst viel Licht verbreitet, indem sich eine Menge praktischer, leicht anwendbarer Regeln daraus herleiten lassen.

Die Kunst im Allgemeinen — sowohl Mimik als Deklamation — steht unter drei unnachläßlichen Gesezzen, nehmlich:

I. Dem Gesezze der Wahrheit.

II. Dem Gesezze der Schönheit.

III. Dem Gesezze der Zwekmäßigkeit.

Die Wahrheit z. B. einer Geberde — bestehet in der Uebereinstimmung des Verhältnisses, der Geberde zu dem Gegenstande, der durch sie versinnlichet werden soll, mit diesem Verhältnisse, wie es als allgemeine Wirkung der Natur wahrgenommen wird. — Die Schönheit derselben erkennen wir aus dem Wohlgefallen, das aus dem Geschmaksurtheile, entspringt, welches wir über sie fällen — die Zwekmäßigkeit besteht in ihrem richtigen Verhältnisse zu dem Grunde, warum sie gemacht wird. — Die Wahrheit bezieht sich also auf den Gegenstand, der versinnlichet werden soll, die Schönheit auf die Art, wie die Versinnlichung geschieht, und die Zwekmäßigkeit auf den Grund, warum sie geschieht. Die ausführliche Deduktion dieser Geseze und ihre Anwendung auf alle Theile der Kunst, wird der Verf. in seiner Theorie liefern.

Die Dunkelheit und Verworrenheit, welche in den mehresten Schriften über Deklamation herrscht, rührt größtentheils von dem unrichtigen Begriffe her, den man von der Quelle hatte, aus welcher sie geschöpft werden muß. Man wollte mit Gewalt die Grammatik dazu machen, und es ist allen — **die allgemeine Tonlehre**. Die Rede überhaupt läßt sich aus einem dreifachen Gesichtspunkte betrachten 1) in Rüksicht der **Worte** — da ist sie ein Gegenstand der **Grammatik**. 2) in Rüksicht der in den Worten enthaltenen sinnlichen Bilder — da ist sie ein Gegenstand der **Mimik**, 3) in Rüksicht des Sinnes, der durch die verschiedene Betonung der Worte ausgedrükt werden muß — da ist sie ein Gegenstand der **Deklamation**.

Jeder Ton im Allgemeinen hat drei unterscheidende **Merkmale**, nehmlich:

1) seine **Dauer** (der Takt in der Musik)

2) seine **Stärke** (das Verhältniß der Kraft, die ihn hervorbringt, zu dem Raume, den er durchdringen soll.)

3) seine **Stufe** (in der Tonleiter.)

Diese drei Merkmale sind die Bestandtheile alles Ausdruks — aller Emphasen — der Deklamation. Betont man mehr durch die Dauer, so klingt die Rede schleppend; betont man mehr durch die Stärke, so klingt sie stoßend, hart; betont man mehr durch Stufe, so ist sie hüpfend oder singend. Bloß in dem schönen harmonischen Verhältnisse dieser Merkmale unter einander und zu dem Sinne, der durch die Betonung ausgedrükt werden soll, besteht das ganze Wesen der Deklamation.

Dies Wenige mag hinreichend seyn, die in den Briefen vorkommenden Ausdrükke und Beziehungen zu verstehen. Was den übrigen Inhalt betrifft, findet der Verf. es noch nöthig, einige Erklärungen voraus zu schikken. Wenn er seine Urtheile über den Zustand der Kunst belegen wollte, mußte er natürlich von den Herrn und Damen reden, welche sie ausüben. Nun ist es aber leider! bei diesen zur Gewohnheit geworden, jede Kritik ihrer Kunst als eine persönliche Beleidigung aufzunehmen. Darin haben sie aber sehr Unrecht. Der Verf. erklärt aufs feierlichste: niemanden beleidigen zu wollen. Er kennt von alle denen, die er namentlich anführen wird, ausser der Bühne, fast niemanden, ja er hat ihre nähere Bekanntschaft absichtlich vermieden, um desto unpartheiischer seyn zu können. Sie interessiren ihn bloß als Künstler und Künstlerinnen, und da ist er überzeugt, daß jemand ein von allen andern Seiten sehr schäzbarer Mann, aber doch ein schlechter Künstler seyn kann — und umgekehrt. Als Künstler und Künstlerin aber sind sie der Kritik so gut unterworfen als der Maler, der Bildhauer, der Dichter, oder jeder, der ein Produkt seiner Kräfte öffentlich aufstellt. Umsonst behauptet der Schauspieler, daß es unbillig sey, ihm durch Herabwürdigung seiner Talente zur Kunst, oder seiner Ausbildung in der selben, — an seinem Unterhalte zu schaden — eben dies kann der schlechte Maler und der schlechte Bildhauer sagen; aber dann sey er entweder fleißiger, um sich besser auszubilden, oder er lerne ein Handwerk, zu dem seine Kräfte auslangen, warum muß er denn gerade ein Künstler seyn wollen?—

Der Verf. wird sich weder Bitterkeit noch Satyre erlauben, wird über niemand ein Urtheil fällen, das er nicht mit Thatsachen belegen kann — und dann bleibt ja jedem, der da glaubt, daß ihm zu viel geschehen sey, das Recht sich zu verantworten. Die Absicht des Verf. indem er den Fehler dieses oder jenes Künstlers öffentlich rügt, ist allein die Nothwendigkeit zu zeigen; daß man die Kunst studiren — daß man von Grundsäzzen ausgehen, und sich nach Regeln ausbilden müsse — daß das subjektive Gefühl des Künstlers — wenn es auch nicht verbildet ist — doch nie hinreicht, dem Kenner zu gefallen oder den Kritiker zu befriedigen.

Sollte er durch diese Briefe den Entzwek erreichen, würde er sich hinreichend belohnet fühlen — würde es nicht achten wenn gekränkter Stolz und Eigendünkel auf ihn schmähte, und seine Absicht zu verunglimpfen suchte! —

Erster Brief.

Hamburg im Sept. 1797.

Endlich, mein Freund! gewinn' ich nach einem halbjährigen Umherschwärmen Zeit, Ihnen Wort zu halten. Ich habe auf meiner Reise einen Ruhepunkt gemacht, um mich selbst zu sammlen — um eine Menge neue Ideen und Erfahrungen die Musterung passiren zu lassen — sie zu ordnen — o mein Freund! wie gern theilte ich Ihnen über so manches, was ich sah und hörte, meine Bemerkungen mit — doch es mögte mich zu weit von meinem Plane abführen. — Wissen Sie für jezt, daß ich eingedenk meines Versprechens, in jeder Stadt, wo ich eine Schaubühne fand, fleißig hinein ging, auf der Stelle meine Bemerkungen über Kunst, Kunstwesen und Künstler niederschrieb — daß ich einen ganzen Stoß dieser Aktenstücke vor mir liegen habe, und jezt daran bin, Ihnen eine Relation daraus anzufertigen.

Freilich wird das Gemälde, welches ich aufzustellen gezwungen bin, dem warmen enthusiastischen Freund der Kunst — wie ich Sie kenne — wenig erfreulich seyn — aber ich kann Ihnen nicht helfen! — Freilich werden Sie sich wundern, daß man ein Institut, von dem man für die Bildung des Volks überhaupt, und für die ästhetische Bildung desselben insbesondere so sehr viel zu erwarten berechtigt ist; überall so unbeschreiblich vernachläßigt — daß man an einem Orte die Schauspielkunst noch als ein Gewerbe halbehrlicher Herumstreicher — an dem andern als eine Puppe betrachtet, mit welcher Kinder und Müßiggänger spielen, um sich die Zeit zu vertreiben — daß die Kunst selbst noch fast überall in dem Alter der Kindheit faselt — noch fast nirgends mit der Kraft des Mannes oder auch nur in dem Blüthenalter des Jünglings da steht — und wirkt! — und doch mein Freund! ich bin Europa durchwandelt von der Newa bis zum Ausfluß der Elbe, von der Ostsee bis an den Rhein, und mit wenigen Abänderungen, mit wenigen wirklichen Ausnahmen ist das Resultat meiner Beobachtungen überall dasselbe.

So sehr es nun auch in meinen Plan gehört, die Ursachen aufzusuchen, welche dazu beitragen, daß das Theaterwesen vorzüglich in Deutschland auf dieser niedrigen Stufe bleibt — so sehr ich mich bemühen werde, den Weg zu entdecken, auf dem es vervollkommnet werden kann, so muß ich Sie zuvor mit meinen Beobachtungen bekannt machen, um Sie in den Stand zu sezzen, richtig über das alles urtheilen zu können.

Ich bin jezt in Hamburg — dem Orte wo einst Leßing seine Dramaturgie schrieb — wo einst unter Schröders Direction die erste deutsche Schaubühne existirte — warum sollt ich also nicht mit dem hiesigen Theater den Anfang machen?

Den 1sten September 1797 kam ich hier an, und ging denselben Abend ins Schauspiel. Es wurde eine Oper: das unterbrochne Opferfest aufgeführt. Das Stük war mir vorher bekannt. Es gehört zu den wenigen deutschen Opern, deren Text bei einer meisterhaften Composition auch Menschenverstand enthält. — So vieles sich auch noch daran tadeln und verbessern läßt, so gewinnen doch die Charaktere des Inka, Mourney, Rocka, und der Myrra ein großes Interesse. Bei einer nur mittelmäßigen Vorstellung, fühlt man mit dem guten Inka — leidet mit Mourney — handelt mit dem edeln Rocka, und liebt die schuldlose Myrra. — Meine Erwartung war gespannt, aber — schon das Aeußere der Bühne machte einen widrigen Eindruck auf mich. Nur einer Bühne, die an einem nahrungslosen Orte sich kümmerlich erhält — kann man dies veraltete, abgetragene — geschmaklose Gewand ver-

verzeihen. Das Haus ist von mittlerer Größe, und die Einrichtung sonst bequem genug. Das Portal der Scene ist mit bunten Farben bemalt und mit Vergoldungen beklekst. Der Vorhang ist das abscheulichste Geschmier, was mir in der Art vorgekommen ist. Halb stellt er eine rothe aufgeschlagene Gardine vor, hinter welcher man zur Seite ein — ohne alle Kenntniß von Licht und Schatten, von Haltung und Perspektive hingeschmiertes Gebäude erblikt; an welchem in einer Nische auf dem Vordergrunde, als Hauptfigur ein Herkules steht, der den armen Erdensohn in seinen Armen erdrükt. Aber wie sind diese Figuren gemacht? man kann nichts elenderes sehen. Und was soll das Ganze bedeuten? Soll der Herkules vielleicht ein Sinnbild des Schauspiels seyn, daß das Kind der Erde — das Laster erdrükt? welch eine krasse Idee! — — Doch wahrscheinlich erhielt der Pinselmann den unbestimmten Auftrag einen Vorhang zu verfertigen, und dieser — aus Mangel eigner Erfindungskraft, kopirte das erste beste Kupferblatt, das ihm in die Hände fiel. —

Jedoch zur Vorstellung selbst! Sie entsprach meiner Erwartung durchaus nicht; es war nichts Ganzes — nichts Zusammenhängendes darin: Wenn auch einige Mitglieder sich auszeichneten, so wurden sie nicht genug unterstüzt. — Ich will die Rollen einzeln durchgehen.

Hr. **Braun** machte den Inka — und spielte diesen Abend bei weitem am besten. Er hatte im Ganzen den Ton, in dem er die Rolle vortrug, richtig bestimmt. Würde und Anstand, motivirt durch Alter, und gegen das Ende des Stüks, durch Schmerz — waren unverkenntliche Züge in seinem Betragen. Seine Darstellung war oft zwekmäßig, wahr und schön — jedoch nicht immer. Er läßt sich — **nicht durch Regel** — sondern durch sein **Gefühl** leiten, und dies führt ihn zuweilen irre. Wenn er z. B. in der ersten Scene, wo er auftritt, zu seinem Volke sagt: Pe= ruaner! diesem Manne (auf Mourney zeigend) seyd ihr den Sieg, das Leben eures Inka schul= dig — — erkennt in ihm euren obersten Feldherrn u. s. w. — so lag in seiner Stellung etwas Edles, und Schönes. Indem er mit der rechten Hand und aufgehobenem Arm auf Mourney zeigte — öfnete sich die Linke, mit halbgehobnem Arm und sanft vorgezogenem Oberleibe gegen sein Volk; als reichte er ihm in Mourney eine väterliche Wohl= that dar! Wahr und zwekmäßig war es, wenn er bei dem seinem Herzen so viel kostenden: Er ster= be! sein starres Auge und die geöfnete Rechte gen Himmel hob. Er wollte bei dem schweren Opfer seiner Pflicht der Gottheit sein Innerstes zeigen! — Aber falsch und zwekwidrig war es, wenn er gleich in dem auf diese Scene folgenden Terzet, wo ihn die Reue anwandelt, so oft die Worte wiederholt:

Ihn retten heischt Erkenntlichkeit! — und dabei jedesmal beide Hände mit in die Höhe gehobenen Ellbogen auf das Herz drükt. Ich sage dies ist falsch und zwekwidrig — und das will ich beweisen. Bei den Worten: Ihn retten heischt Erkenntlichkeit! kann er drei verschiedene Gesichtspunkte haben. 1) Den Gegenstand, den er zu retten wünscht. Dies ist offenbar der Gedanke des Dichters; dann mußte er aber die Arme mit geöffneten Händen und sanft vorgebogenem Körper ausrekken, um das unglükliche Opfer von dem Pfade des Todes, auf dem es wandelt, zurück zu reißen — oder 2) sich selbst — den das Gefühl der Erkenntlichkeit durchglüht — und dann konnt er freilich die Hände — wie er that — auf die Brust drücken, oder 3) diejenigen, zu denen er spricht und bei denen er durch die Worte das Gefühl der Erkenntlichkeit rege machen will — dann muß er die Hände gefalten, mit niedergebogenem Oberarm, in der Stellung des Bittenden — an die Brust drükken —. Der Componist wiederholt die Worte mit vielem Ausdruk mehrere Mahle, und giebt dadurch dem Schauspieler Gelegenheit, dem Gange seiner Empfindungen gemäß, die Momente alle drei nach einander darzustellen. — Warum ließ Hr. Braun sich dieses fein motivirte Spiel dadurch entgehen, daß er eine Geberde — die noch dazu nicht ganz richtig gewählt war — immer wiederholte? — Seine

Deklamation hält mit der Mimik so ziemlich gleichen Schritt. Die Stimme ist im Ganzen zu rauh und hart — er betont größtentheils durch Stärke, welches sie stoßend macht. Ein wenig mehr Sanftheit des Tons, die er durch Uebung wohl erhalten könnte; mehr Abwechselung in den Emphasen durch Dauer und Stufe, — würden der Stimme die mangelnde Biegsamkeit geben. Sein Gesang ist angenehm, und wenn er nicht zu hoch wird — ziemlich geschmakvoll.

Herr Kirchner machte den Mourney — aber sehr unglüklich. Sein Gang ist immer taktmäßig, seine Gestikulation ohne alle Regel und fast gegen alles Gefühl. An Wahrheit und Zwekmäßigkeit ist gar nicht zu denken — selbst die Schönheit geht verlohren, weil keine Bewegung gehörig motivirt ist. Gleich einer Marionette, wenn der Finger des Meisters den ihr zugehörigen Drath trift, geht er von dem Zustande der gänzlichen Ruhe plözlich ohne alle Vorbereitung zu der lebhaftesten Bewegung über, und sinkt eben so schnell wieder in die vorige Ruhe zurük. Seine Deklamation ist um nichts besser. In jeden Satz legt er eine Emphase, die aber, wenn das glükliche Ungefähr nicht das Gegentheil hervorbringt — immer auf dem unrechten Worte ruhet — mit dem Vorhergehenden und Nachfolgenden nicht in die mindeste Harmonie gebracht ist, und immer aus Stärke mit etwas erhöh=

ter Stufe besteht; wobey er jedesmal die Hände und Arme etwas hebt, und sich auf die Zehe empor rekt. Ein Beispiel mag zum Belege genug seyn! — Wenn er nach der schändlichen Anklage des Maferu sagt: „dich kann ich nur verachten — so singt er die Worte: dich kann ich nur ver — — ganz leise, aber das: achten stößt er mit der größten Heftigkeit heraus, legt dabei die geballte Rechte auf die Brust und rekt sich auf die Zehe empor. Sein Gesang ist zwar richtig, da er ihn aber gerade wie seine Rede accentuirt, geschmaklos, die Stimme bebt fast beständig.

Hr. Rau machte den Rocka. Der Charakter ist sehr schön. Wer nimmt nicht Theil an dem edlen Wilden, der so ganz von warmer Freundschaft glüht? der sich mit einem, auf Selbstgefühl und Ueberzeugung gegründeten Stolz den Priestern entgegen sezt, und von unerschütterlicher Dankbarkeit gegen seinen Freund und Lehrer Mourney hingerissen — endlich selbst den Gesezen seines Vaterlandes den Gehorsam aufkündigt? — Aber alles dies ging in der heutigen Vorstellung verlohren. — Hr. Rau hatte den Ton der Rolle so sehr vergriffen — oder vielmehr er hatte die Rolle selbst nicht begriffen. Er spielte den Rocka im Tone des gemeinsten Alltagsmenschen. Hätte Rocka sich in der Natur so benommen, so hätte der Menschenkenner schwören müssen: er spiele eine auswendiggelernte Rolle, deren Schöpfer unmöglich sein eigner Genius seyn könne. — Der Ton, in welchem Rocka vorgetragen werden muß, ist der Ton des **gebildeten cholerischen Mannes**. Daher müssen seine Bewegungen mit einem gewissen Aufwande von Kraft, lebhaft und mit Grazie hervorgebracht werden. Sein Tritt muß fest, sein Gang entschlossen — doch nicht stolz — seyn. Kurz sein ganzes Betragen muß die Versinnlichung der Worte darstellen, die er dem Priester ins Ohr donnert: **Bin ich hier einst Inka — so will ich allein herrschen, und verzeihn**. Hr. Rau zeigte aus seinem Spiele gerade das Gegentheil. Sein ganzes Benehmen hatte die unverkennliche Physionomie der **gefälligen Dienstfertigkeit subordinirter Menschen** — Er eilte nicht von der Bühne — er **lief**. Er schlang nicht seinen Arm traulich um Mourneys Schultern, um von dem **Freund Unterstüzzung zu fordern, er hieng sich an seinen Hals, um Hülfe zu erbetteln**. — Eine nähere Zergliederung seiner Darstellung, in Rüksicht der Wahrheit und Zwekmäßigkeit der Geberden, werd' ich mir vorbehalten; jezt noch ein Wort von seiner Deklamation. Er fällt jeden Augenblik in den Kanzelton. Da ich mich dieses Ausdruks öfter bedienen werde, so will ich mich näher darüber erklären, und genau zeigen, was ich darunter verstehe. Hat der gewöhnliche

Kanzelredner einen Abschnitt der Rede vorzutragen, der z. B. aus vier Sätzen besteht, so hebt er in den **drei ersten Sätzen** durch die Betonung ein Wort aus, das er mit der Emphase belegt; die er aber jedesmal so zusammen setzt: in dem ersten Satze besteht sie aus bloßer **Dauer**, in dem zweiten Satz aus **Dauer** und **Stärke**, in dem dritten aus **Dauer**, **Stärke** und **erhöhter Stufe**. Der lezte Satz schleicht dann gewöhnlich im Anfangstone, oder noch etwas tiefer hinterher, und nur die vorlezte Silbe — oder auch die dritte vom Ende — bekommt eine Erhöhung der Stufe, so wie die lezte wieder herab sinkt. Ob man nun gleich durch diese Betonungsart den Sinn deutlich genug vortragen kann, so wird sie durch das beständig **regelmäßige Steigen und Fallen der Stimme unharmonisch und unangenehm**. Der Schauspieler darf sich um so weniger an eine solche Regelmäßigkeit binden, da sie mit dem Zwecke seiner Deklamation durchaus unverträglich ist. Hr. Rau sucht zuweilen dadurch mehr Abwechselung in die Rede zu bringen, daß er die stärkste Emphase auf den mittelsten Satz legt, allein die Regeln der wahren und schönen Harmonie der Rede sind ihm gänzlich unbekannt.

Herr Eule machte den Maseru, eine Rolle, die gar nicht für ihn paßt. Maseru ist ein Bösewicht, der sich unter den Mantel der Falschheit verbirgt, und durch Hinderniß und Tükke zu schaden, und seine teuflischen Zwekke zu erreichen sucht. Daher müssen seine Worte im Tone der schmeichelnden Ueberredung vorgetragen werden, — seine Geberden müssen den Ton des offenen Biedermanns affektiren; von allen diesen ahndet Hr. Eule nichts. Der Ton seiner Rede ist sehr ungebildet, und unbiegsam — seine Geberden ohne Bedeutung und steif.

Die übrigen männlichen Rollen sind zu unbedeutend, als daß ich mich hier dabei aufhalten sollte. Ich hoffe die Herrn in andern Stükken näher kennen zu lernen. Jezt, ein Wort von den Damen!

Md. Lange machte die Myrra. Ich bin fast in Verlegenheit von welcher Seite ich Md. Lange zuerst darstellen soll; ob als Sängerin, oder als Schauspielerin? als Sängerin — würde meine Kritik fast bloßer Lobspruch seyn; denn noch umschwebt mich die sanfte Grazie ihres Gesangs — noch hör' ich die harmonische Modulation ihrer Töne — noch bewundre ich die Biegsamkeit ihrer Stimme, und die Fertigkeit, mit der sie die größten Schwierigkeiten zu überwinden weiß. Als Schauspielerin — — aber werden ihre Verehrer sagen, das will sie ja gar nicht seyn, sie ist Sängerin — um Verzeihung meine Herren! sie hat heute die

Myrra gespielt, mithin ist sie auch Schauspielerinn! Ja man kann, wie mir däucht, ihr deutlich das Bestreben anmerken, gut und zwekmäßig spielen zu wollen — nur schade, daß ihr dies so selten glükt! Sie sucht Bedeutung in ihre Geberden zu legen, aber sie kennt das Verhältniß nicht, welches zwischen der Geberde und dem Gegenstande, den sie ausdrücken soll, statt findet — die Regeln der Wahrheit und der Zwekmäßigkeit sind ihr unbekannt; deswegen sind ihre Gesten größtentheils willkürliche Bewegungen ohne Sinn. So legt sie z. B. oft die Hand an die Stirn, oder hebt sie geöffnet in die Höhe und läßt sie geschlossen wieder herabsinken — ohne daß man errathen kann, was dadurch ausgedrükt werden soll. Mit ihrer Deklamation ist es nicht besser beschaffen. Ihre Sprachorgane scheinen wirklich, durch das häufige und starke Singen, für die feinere Harmonie der Rede den Ton verlohren zu haben. Bald spricht sie zu hüpfend — durch zu viel Stufe betont — bald zu stoßend — durch zu viel Stärke betont —. Ein sanfter, harmonischer Fluß der Rede, bei welchem sich das Gefühl des Herzens in dem rege gemachten Spiele der Empfindungen so sprechend zu malen weiß — ist ihr unerreichbar.

Madam Lippert machte Elvire. Sie ist mehr Schauspielerin als Md. Lange, erreicht

diese aber im Gesange nicht —. In ihr Geber=
despiel bestrebt sie sich Bedeutung zu legen, und
man sieht, daß sie darüber gedacht hat. Zuweilen
spielt sie mit einem lebhaften und wahren Aus=
drukke — doch haben ihre Gesten noch zu viel von
dem bedeutungslosen Einerlei der Sän=
gerinnen. Ihr Mienenspiel ist zu weilen sprechend.
Ihre Deklamation ist zwar verständlich, aber fehler=
haft. Vielleicht hab' ich noch Gelegenheit, sie in
wichtigern Rollen zu sehen, wo sie ihre Kunst
und ihre Talente mehr entwikkeln kann. Schade
daß ihr etwas zu starker Körper sie um manche
Schönheit des Spiels bringt, die sie ohne diesen
Umstand gewiß erreichen würde.

Die Rollen der drei Gespielen der Myrra
sind zu unbedeutend, um sie ausführlich zu beur=
theilen. Sie wurden durch Madam Langerhans,
Msell. Jaime und Msell. Stegmann gemacht. —
Md. Langenhans hat den Ton ihrer Rolle sehr gut
gewählt. — Ihr Spiel und ihre Deklamation ent=
hielten viel Wahres und Zwekmäßiges. Nicht so
die beiden übrigen. So spie z. B. Msell. Jaime
aus allen Kräften in die Hand, um Pedrill eine
Ohrfeige zu geben — dies mogte sie wahrscheinlich
für Naivität halten. Msell. Stegmann affektirte
einen Grad der Lebhaftigkeit in ihrem Geberden=
spiel, das ihr weder natürlich noch schön — noch
der Rolle angemessen war. — Ich hoffe diese

Damen in andern Rollen genauer kennen zu lernen..

Noch muß ich etwas über das ganze Arrangement des Stüks sagen. Ich verstehe darunter die Anordnung alles dessen, was auf der Bühne zum Stük gehörig vorkommt, ohne gerade Gegenstand der Kunst zu seyn. Hier sah es in der That sehr traurig aus. In der Kleidung war man dem wahren Kostüm nicht getreu geblieben, allein dies verdiente keine Rüge; denn einmal kennen wir die Kleidertrachten der alten Peruaner so genau nicht, und wissen überdem, daß vieles darin willkürlich war. Aber desto eher hatte man Gelegenheit, die Trachten geschmakvoll zu machen — und dies war's gerade, was hier fehlte — man hatte blos gesucht, sie abentheuerlich zu machen. — Wenn das Opfer gebracht werden soll, stellen die Priester drei Fakkeln gegen einander, und zünden sie durch einen Brennspiegel an. Hier sezte man sie — in Gestalt von drei großen Holzscheiten, an der Seite des Theaters, halb hinter die Coulissen zusammen, um sie bequem anzünden zu können. Dies hatte den Nachtheil, daß in der Folge, wo bei Entstehung des Donners die Fakkeln umgestürzt werden müssen — sie gleich hinter die Coulisse fielen, ohne daß es — da die Priester noch dazu vor denselben standen — jemand von den Zuschauern gewahr wurde, sich also niemand den Schrekken auf der

Bühne erklären konnte, und die mehrsten glaubten, es geschehe ein feindlicher Ueberfall —. In Berlin z. B. stellte man die Fakkeln weit schiklicher auf den in der Mitte des Theaters stehenden Altar, und zündete sie durch Hülfe einer Fallthür unmerklich an — schleuderte sie auch bey Entstehung des Donners durch dieselbe vom Altar weg — und der Zuschauer erschrak mit den Priestern. — Bei Hervorbringung des Orakels trat hier der Priester hinter den Altar, wandte mit aufgehobenen Armen das Gesicht gegen das Publikum, indeß das Orakel mit einer gewöhnlichen Stimme hinter einer Coulisse hervorgerufen wurde. Die Folge davon war, daß jeder glaubte, der Priester spreche es selbst. — Dies darf aber nicht seyn, indem der Priester um den Betrug nicht weiß. In Berlin war das Ganze feierlicher und jedem Zuschauer verständlich. Der Priester warf sich vor dem Altare auf die Knie und das Gesicht ehrerbietig nieder, indem das Orakel durch Hülfe eines Sprachrohrs unter dem Altare mit übermenschlicher Kraft hervorgerufen wurde. — Dergleichen Dinge rechnet man freilich nur zu den Nebensachen — aber man sollte nichts desto weniger seine Aufmerksamkeit darauf richten, weil sie zu der Wirkung des Ganzen sicher viel beitragen. Sie helfen dem Zuschauer den Faden der Handlung deutlich machen, welches in der Oper um so nöthiger ist, da so vieles darauf Bezug habende gesungen wird, welches man gewöhnlich nicht versteht, und folglich oft nicht weiß, worüber sich die Leute freuen, oder wovor sie erschrekken.

Das Dekorationswesen ist gleichfalls sehr schlecht — so schlecht wie ich es auf einer Bühne gefunden habe. Nicht allein in Rüksicht der Malerei, sondern auch der Erfindung. Da sind Palmen, Rosen und Tulpenbäume zu sehen, wie sie nur in Utopien einheimisch seyn können. Das Innere des Tempels ist ein solches Gemisch bunter Farben und abentheuerlicher Baukunst, wie es mir irgend wo vorgekommen ist. Warum wendet man auf diesen für die Bühne so wichtigen Gegenstand nicht mehr Fleiß, oder Kosten? Unterstüzt Hamburg denn etwa die Bühne so wenig, daß es verdient, sich mit solchen Armseligkeiten abspeisen zu lassen? Der Mangel an guten Künstlern in Hamburg kann gar nicht zur Entschuldigung dienen. — Die weit minder unterstüzte Direktion in Riga hat unter ähnlichen Umständen sich einen geschikten Maler Hr. Fechhelm — aus Berlin verschrieben; und ihn mit einem jährlichen Gehalt von tausend Albertsthalern engagirt. Was er liefert — sind freilich keine Meisterstücke, wie der bezaubernde Pinsel eines Gonzago in Petersburg sie schafft aber doch weit mehr als alles was ich der Art in Hamburg gesehen habe.

Zweiter Brief.

Hamburg im Sept. 1797.

Gestern den 6. d. M. besuchte ich die deutsche Bühne wieder, wo ein Schauspiel: die Verwandschaften von Kotzebue gegeben wurde. — Es giebt jezt einige Modestükke, worunter auch dieses gehört — die ich nun in kurzer Zeit fast auf allen deutschen Bühnen habe aufführen sehen. Ich finde dies zur Beurtheilung und Vergleichung der Bühnen unter einander sehr bequem. Was die gestrige Vorstellung betrift, so ist sie zwar nicht die schlechteste, die ich gesehen habe — aber auch bei weitem nicht die beste! — Ob gleich unweit mehr Kunst und Zusammenhang darin anzutreffen war, als in der neulichen Oper, so fehlte doch sehr viel, um sie ein Ganzes nennen zu können. Die Bestätigung dieses Urtheils werden Sie in der Zergliederung einzelner Rollen finden.

Herr Stegmann machte den Hans Vollmuth. Im Ganzen hatte er den Ton seiner Rolle ziemlich richtig gegriffen, und führte ihn ziemlich treu durch. Auffallend mußte es mir inzwischen seyn, ihn in eben dem Tone reden zu hören, als in der Rolle des Pedrill, im unterbrochnen Opferfeste — und doch, welch ein Unterschied zwischen beiden Charakteren! — Nach dieser Probe zu urtheilen, behält Hr. Stegmann in allen Rollen — die Charaktere mögen noch so verschieden seyn — seinen eignen Ton der Rede bei — und dies ist wirklich nur einem Anfänger in der Kunst zu verzeihen. — Man stellt sich die passende Abänderung des Tones der Stimme und der ganzen Betonungsart nach den verschiedenen Charakteren, viel schwerer vor, als es wirklich ist — wenigstens für den ist, der sich gewöhnt hat, seine Stimme und die Betonung seiner Rede nach Regeln zu behandeln. Ich will bei dieser Gelegenheit — meiner Theorie gemäß — den Gegenstand ein wenig auseinander sezzen. Wenn wir unsere Kehle so weit ausdehnen, die Zunge so weit vom Gaume zurükbeugen, als möglich ist, und nun einen Ton hervor bringen, so ist es u. Ziehen wir aber die Kehle so eng zusammen, und drükken die Zunge so dicht an den Gaumen als möglich, so ist der Ton i. Das o, a und e sind Mittelstufen, zwischen diesen beiden Extremen. Nun gehört eine nicht gar große Uebung dazu, um eine ganze Rede, — eine ganze Rolle, im Tone des dumpfen o, oder des hellen e zu sprechen; das heißt, mit einer bestimmten Erweiterung oder Verengerung der Kehle, nach welcher sich die Hervorbringung aller übrigen, in der Rede vorkommenden Vokale, modificirt. — Der Schauspieler muß sich nun — und das kann er ohne große Schwierigkeiten — Fertigkeit erwerben, eine Rede z. B. aus e, mehr durch Dauer und Stufe zu betonen, d. h. sie fließend und hüpfend zu machen, oder die aus dem breitern a mehr durch Stärke zu betonen, um sie härter und ungebildeter klingen zu lassen. Der leichtfüßige, verliebte, furchtsame Pedrill hätte also aus dem hellen e, leicht und hüpfend — der hartherzige Hans Vollmuth, aus dessen Charakter alle andere Gefühle — außer seiner lebhaften Neugierde — verdrängt zu seyn scheinen; hätte müssen im a, hart und ungebildet reden. — Was die Darstellung des Hr. Stegmann betrifft, so läßt sie sich nach dieser Rolle nicht ganz beurtheilen; der Dichter hat zu wenig hinein gelegt, das dargestellt werden könnte, die einzige Neugierde ausgenommen; und diese wurde recht gut gezeichnet.

Md. Stark machte die Marthe. Die Dame will ihres Alters und nach gerade unverständlichen Organs wegen die Bühne verlassen. Sie spricht in der That so leise und unarticulirt, daß man Mühe hat, ein Wort zu verstehen; Ihre Darstellung ist gleichfalls nachgerade ein wenig matt — nun denke man sich den Charakter der zänkischen, aufbrausenden Marthe, in welchem sie auftrat! —

Herr Werdy machte den Anton. Ein junger Mann, der für die Kunst schon vieles leistet, noch mehr verspricht. Fleiß und Anstrengung sind in seinem Spiele unverkennlich; daher dämmern Wahrheit, Schönheit und Zwekmäßigkeit in seiner Darstellung auf; und ich zweifle nicht, daß er einst — bei fortdauerndem Fleiße die strengsten Forderungen der Kritik, in Rüksicht dieser Gesezze befriedigen wird. Worin es ihm noch am mehrsten zu mangeln scheint, ist in der Darstellung der Uebergänge von einem Gemüthszustande in den andern, wodurch sich vorzüglich mit, der wahre Künstler von den Rollenmachern unterscheidet. — Es ist unmöglich, daß wir von einem Zustande des Gemüths unmittelbar in den entgegengesezten übergehen könnten z. E. von Liebe zum Haß, von Freude zur Verzweiflung; ohne durch verschiedene Mittelzustände dazu vorbereitet zu werden. So kommt Anton mit seiner Geliebten voll leichten Sinnes, mit Zutrauen und Hofnung in das Haus seines vornehmen Vetters. Der Empfang macht ihn erst verlegen, dann unwillig, und zulezt aufgebracht und zornig. Hr. Werdy fiel aus der Darstellung der Verlegenheit unmittelbar in den Ton des aufgebrachten Zornes — Er überhüpfte also den Mittelzustand des Unwillens, der doch so nöthig war, sein Spiel gehörig zu motiviren. Am mehrsten hat er vielleicht noch mit seiner Stimme und der Deklamation zu thun. Seine Rede klingt etwas unbiegsam und abgebrochen — nicht fließend genug. Daher mißglükt es ihm oft

in der Betonung auch dann, wenn man sieht, daß
er sich Mühe giebt, sie harmonisch und zwekmäßig
zu machen. Ich wünschte Hr. Werdy auf diese
Fehler seines Spiels aufmerksam machen zu können; denn einem Manne von seinen Talenten, der
die ersten Schritte der Kunst so leicht zurükgelegt
hat, werden auch die lezten nicht schwer werden.

Herr Braun machte den Peter Vollmuth.
Ich kann das Urtheil wiederholen, das ich im vorigen Briefe über sein Spiel fällte. Der Ton der
Rolle war auch heute sehr gut gewählt. Vorzüglich gerieth ihm die Scene bei der Wiedererkennung seiner Tochter. Mit sichtbarem Entzükken schloß er sie in seine Arme, und hob sie hoch
vom Boden empor. Schade, daß ihm gerade bei
dieser Scene seine zu rauhe Sprache im Wege stand. Das sanfte Gefühl der Vaterfreude, das
dem Auge des abgehärteten Mannes so innige
Thränen entlokte, hätte auch der Zunge Biegsamkeit geben sollen, sanfte Worte zu sprechen.

Md. Langerhans machte die Gretchen. Der
Ton ihrer Rolle war richtig gewählt, und wurde
treu durchgeführt. Liebenswürdige, ländliche Un-
schuld und Unbefangenheit charakterisirten ihr
Spiel. Ihre Mimik hat so viel aus der Natur
gegriffnes, so viel Wahres, Schönes und auch
größtentheils Zwekmäsiges, als man es von

einer Naturalistin nur immer fordern kann. Denn daß sie mehr Naturalistin als raisonnirte Künstlerin ist, verrathen eine Menge kleiner Züge, durch welche das sonst so schöne Gemälde ihrer Darstellung an einigen Stellen verzeichnet, oder zu hart kolorirt, erscheint.

Es ist eine eigne Sache um Künstler und Künstlerinnen, die von der Natur mit ausgezeichneten Talenten zur Kunst versehen sind, die mit einem feinen und richtigen Gefühle für das Wahre und Schöne die Bühne betreten — ohne sich eigentlich durch Kunst und Regel leiten zu lassen. Ihre Darstellung enthält eine Menge einzelner Gemälde, die so viel Ausdruk, so viel Wahrheit und Schönheit haben, daß ihnen der laute Beifall des Publikums entgegen tönt. Umsonst sagt nun der einzelne Kenner, oder die Stimme der Kritik, daß diese einzelnen Gemälde doch billig hätten ein Ganzes ausmachen sollen — daß der Zusammenhang mangelt — daß man den Hauptzwek der Darstellung aus dem Auge verlohren, welchem zu Folge dies oder jenes Bild hätte ganz wegbleiben — der Ausdruk eines andern erhöht werden müssen — daß die Aeußerung des höchsten Grades der Kraft den rechten Moment verfehlt hat — mithin die eigentliche Hauptfigur aus dem Gemälde verlohren ist u. s. w. Man achtet gewöhnlich) — zufrieden mit dem Beifalle der Menge — diese Bemerkungen nicht — — o ihr Günstlinge der Natur, die ihr dem Ziele so nahe seyd, warum wollt ihr euch nicht durch Anstrengung und Studium den Kranz der Vollendung verdienen? —

Ueber die Deklamation der Md. Langerhans muß ich noch einige Bemerkungen niederschreiben. Sie hat es in derselben bei weitem nicht zu dem Grade der Vollkommenheit gebracht, als in der Mimik. Ihre Rede wird oft ziehend, und klingt daher — warum sollt' ich nicht den rechten Ausdruk gebrauchen? — unangenehm. Ich wünschte Md. Langerhans aufmerksam auf diesen Fehler zu machen, da es ihr leicht werden muß ihn zu vermeiden, wenn sie die Quelle kennt, woraus er entspringt.

Der Fehler des Ziehens in der Rede entsteht:

1) Wenn man den Ton — in Rüksicht der Stufe — während der Aussprache einer Sylbe abändert; z. B. während eines: so, oder: doch — um zwei, drei Sprachtöne, von a bis i steigt, oder von e bis o fällt. Dies darf in einer harmonischen Rede niemals der Fall seyn. Der Ton muß nicht während, sondern

mit den Sylben geändert werden, so daß jede Sylbe ihren eignen Ton hat. Es giebt einige wenige Ausnahmen von dieser Regel, die sich leicht beobachten lassen. Z. B. bei einsylbigen Fragen, in welche man viel Bedeutung zu legen wünscht, als bei der Frage der Neugierde: was? wie? so? — wo es allerdings erlaubt ist, den Ton um eine halbe oder gar eine ganze Stufe zu heben — oder auch mitten in der Rede, wenn man des Wohlklangs wegen eine starke Emphase, durch Abänderung des Tons um — höchstens eine halbe Stufe — vorbereiten will. In diesem Falle aber giebt die Harmonie der Sprache folgende unverlezliche Regel: **Eine Sylbe, in welcher der Ton abgeändert wird, darf nicht durch Dauer ausgezeichnet werden;** d. h. ich darf beim Aussprechen nicht mehr Zeit darauf verwenden, als ich gethan haben würde, wenn sie nur einen Ton gehabt hätte. Die Verlezzung dieser Regel macht den

2ten Hauptbestandtheil des fehlerhaften Ziehens aus. Durch einen sonderbaren Mechanismus der Sprachorgane, hören wir gewöhnlich die Leute, welche den Ton einer Sylbe um zwei bis drei Stufen abändern, auch die Dauer derselben zwei bis dreimahl verdoppeln. Dies macht den Fehler eigentlich erst recht bemerkbar, und unangenehm. Außer diesem Ziehen hat Mo. Langerhans noch den Fehler, daß sie oft sehr unrichtig betont. Ich sollte Ihnen billig noch etwas von den übrigen Rollen des Stüks sagen, allein ich wurde beim Niederschreiben meiner Bemerkungen gestört, und aus dem Gedächtniß will ich nichts nachholen. Ueberdem sind die Rollen unbedeutend. Der Charakter des Rath Volknuth ist so verschroben gezeichnet, daß er von selbst Karrikatur wird — Max ist ein gewöhnlicher Alltagslaffe —. Daß mancher Schauspieler seine Rolle nicht zusammenhängend vortragen kann, hat auch oft seinen Grund darin, daß der Dichter den Charakter nicht zusammenhängend zeichnete — dies ist ein Gegenstand, über welchen ich Ihnen einmahl besonders meine Bemerkungen mittheilen werde. —

Dritter Brief.

Hamburg im Sept. 1797.

Den 7ten hab ich ein neues Schauspiel von Ifland gesehen: leichter Sinn. Sie wissen, welch ein Freund ich von Ifland — als Schauspieldichter — bin; aber doch — dies Stük gehört zu unsern Alltagsstükken. Islands Meisterhand ist allerdings in einzelnen Scenen unverkennlich — aber das Ganze hält nicht Stich. — Der **Zwek** ist: **das über alle Verführung erhabene Glük,der stillen ehelichen Liebe zu schildern**; und wirklich, es kommen Scenen darin vor, in welchen der Mann, der als Zuschauer neben seiner Gattin sizt — und kein ganz fühlloses Herz hat — ihre Hand ans Herz drükken — ihr die hellen Thränen von den Augenwimpern wegküssen muß. Die lezte Scene ist indeß nur auf der Bühne möglich — und ohne Täuschung. Doch — ich will ja keine Kritik des Stüks; sondern der Kunst in der Darstellung desselben schreiben! —

Da Ihnen das Stük selbst vielleicht noch unbekannt ist, so will ich mit wenigen Worten, den Plan desselben voranschikken.

Ein Minister verliebt sich in die Frau eines Secretärs, die er zufällig gesprochen hat, und macht mit seinem Günstlinge, einem niederträchtigen Hofrath — Plane, seine Leidenschaft zu befriedigen —. Die sonst gute Frau wird Anfangs von der Eitelkeit — noch mehr aber durch die Beredsamkeit ihrer Mutter so geblendet — die Mutter sucht die Liebe des Ministers zu befördern, um dadurch einen Proceß zu gewinnen — daß sie die Gefahr nicht ahndet und zur Stadt ziehen will —

Der Mann liebt das stille Landleben, und dies giebt Veranlassung zum ersten Zwiste unter den Eheleuten —. Der Minister glaubt dadurch alle Schwierigkeiten zu heben, wenn er dem Secretär die Gnade erzeigt, in sein Haus zu ziehen, um einige Wochen bei ihm den Brunnen zu trinken. Jezt wird die Sache ernsthaft, beide Eheleute erklären sich gegen einander, geloben sich ewige Liebe, und denken gemeinschaftlich auf Mittel, den ungebetenen Gast loszuwerden, der dann auch den ersten Abend so beschämt wird, daß er **gebessert und voll Reue** wieder abfährt.

Den Minister machte Hr. Herzfeld. Die Rolle ist zu unwichtig, um einen Künstler darnach beurtheilen zu können — er hat nur wenige, und ganz uninteressante Scenen. Nur ein Paar Worte über den Ton, in welchem Hr. Herzfeld die Rolle vortrug. Es ist ein Fehler des größten Theils unsrer Schauspieler, daß sie glauben, der so genannte **vornehme Ton** bestehe in einem stolzen Betragen, das denn in ihrem Vortrage als ein blos **affectirtes Vornehmthun** erscheint. Herr Herzfeld, statt in dem Tone des wahren Ministers, **mit kalter freundlicher Höflichkeit,** und einem Betragen aufzutreten, aus dem alle **Steifheit und aller Stolz durchaus verbannt seyn mußten** — benahm sich so steif-stolz, daß man es hätte füglich — wenn nicht glüklicherweise

Band und Stern die Ausleger gewesen wären — für Unbelebtheit und Blödigkeit halten können. Seinen Günstling, Hofrath Ranig, machte Hr. Kordemann. Er hatte den Ton der Rolle im Ganzen richtig und gut gewählt; sein Spiel hatte viel Wahres und Zwekmäßiges. Doch fehlt es ihm noch sehr an der feinern Malerei der Gefühle und Gedanken, wodurch seine heutige Rolle sich hätte auszeichnen müssen; da Ranig ein — in der Sphäre der Hofluft gebildeter, feiner Intrigant ist. — Hr. Kordemann hat indessen unbezweifelte Talente für die Bühne, und Fleiß und Studium können ihm, mit richtiger Beobachtung der Natur, leicht geben, was ihm noch mangelt. Um meinen Brief nicht zu lang zu machen, muß ich mir die genauere Zergliederung seines Spiels vorbehalten.

Die beiden Hauptcharaktere des Stüks sind der Sekretair Sivart und seine Frau. — Sie wurden von Herrn und Madam Reinhardt gemacht. —

Herr Reinhardt zeigte sich in seiner Rolle als ein denkender, talentvoller Künstler, der sich bestrebt, seiner Darstellung Wahrheit und Zwekmäßigkeit zu geben. Einige Scenen, vorzüglich wo ein inniges zärtliches Gefühl ausgedrükt werden sollte — gelangen ihm, selbst in den kleinern Uebergängen, vortrefflich. Er weiß bei der Aeußerung des höchsten Grades seiner Kraft den rechten Augenblik zu wählen und zu benuzzen; eine Kunst, die in der Ausübung um so schwieriger ist, da sie dem Schauspieler oft von Nichtkennern den Vorwurf der Kälte zuzieht. Was ich indeß an dem Spiele des Herrn Reinhardt noch zu tadeln finde, bestehet in Rüksicht seiner Geberdensprache, darin: Seinen Gesten fehlt oft Leichtigkeit und Grazie — sie haben nicht selten etwas Steifes, Unbehülfliches, welches ihm schadet. Es ist ihm daher nichts dringenderes zu empfehlen als das Studium der Schönheit in dem Betragen des Körpers. — Wenn wir die Geberde zergliedern, so besteht sie in einer Bewegung und einer Stellung des Körpers Die Bewegung bezieht sich in Rüksicht der Schnelligkeit, welche dem Grade der Lebhaftigkeit des Gefühls angemessen seyn muß, mehr auf das Gesez der Wahrheit, und da bin ich mit Hr. Reinhardt sehr zufrieden. Der Künstler muß sich aber nicht allein bestreben wahr, sondern auch schön zu spielen. Die Schönheit erfordert, daß die Bewegungen fließend erfolgen — daß eine in die andre übergehe. Hr. Reinhardts Bewegungen sind inzwischen sehr oft abgebrochen und erfolgen — wenn ich mich so ausdrükken darf — rukweise. Dies ist der erste Fehler in seiner Geberdensprache, den er zu vermeiden suchen muß. — Der zweite liegt in den Stellungen welchen er sich bestreben muß mehr Grazie zu geben. Engel hat sehr Unrecht, wenn er in seiner Mimik Löwen tadelt, daß er dem Schauspieler Hogarts Buch über die Schönheit empfiehlt. Er selbst räth in diesem Falle zu dem Unterricht eines guten Tanzmeisters — aber sicher läßt sich doch aus Hogarts Buch alles — und mehr lernen, als der Tanzmeister lehren kann und mit weit weniger Kosten. Sollte auch Hogart in seiner Wellenlinie nicht das oberste Gesez der Schönheit entdekt haben; so ist es doch sicher das allgemeinste Merkmal was sich der schönen Natur ablauschen läßt, und sicher als Regel wieder angewandt werden kann. Sie verbannt aus den Bewegungen und Stellungen alle Steifheit und Härte, und giebt ihnen Anmuth und Grazie. Meine zweite Bemerkung betrifft die Deklamation des Hr. Reinhardts. Seine Stimme ist etwas zu eintönig und unbiegsam. Die Emphasen werden nicht genug ausgezeichnet — weder durch Stufe noch Dauer — und der Ton überhaupt nicht genug nach den Empfindungen abgeändert, die er ausdrükken soll. — Er fällt daher zuweilen ganz in den Fehler des Kanzeltones.

Das Spiel der Md. Reinhardt hat viel Grazie und verräth wahres Talent; das indeß noch nicht genug ausgebildet ist. Ihre Darstellung ist etwas zu leer — zu kalt. Sie liefert gleichsam die richtigen, schönen Umriße zu einem wohl angelegten Gemälde — aber die Ausführung fehlt. Ihre Mimik scheint sich größtentheils auf ausdrükkende Geberden zu beschränken — aber um der Darstellung Leben und Fülle zu geben, muß sie die figürlichen und malenden damit verbinden. Die reizbareren Nerven des schönen Geschlechtes, ihre lebhaftere Phantasie, bringen eine reichere Geberdensprache hervor, als dem stärkern Mann natürlich seyn würde. Desto eher bemerkt man auch in weiblichen Rollen den Mangel an Geberden. — Md. Reinhardt hat eine vortrefliche Stimme, biegsam und voll sanften Ausdruks — aber auch hier mangelt es noch an Ausbildung, und sie fällt nicht selten in wahren Kanzelton. — Es kann indeß dieser Künstlerin nicht fehlen, ihrem schönen, und wahren Spiele, durch eine fortgesezte Ausbildung ihrer nicht gemeinen Talente noch mehr Zwekmäßigkeit zu geben.

Md. Fiala machte die Näthin Bellmann — die Mutter der Secretärin Sivart. Sie hatte den Ton ihrer Rolle gut genug gewählt und führte sie auch gut aus; nur trug sie hie und da die Farben etwas zu lebhaft auf. Ihr Geberdenspiel hat Wahrheit und Zwekmäßigkeit, nur wäre zu wünschen, daß ihre Sprache öfter den Ton der Empfindung träfe, in dem sie zuweilen sich schön ausdrükt.

Hr. Leo machte den Commerzienrath Bellmann, schuf die Rolle aber zur abscheulichsten Karrikatur um. Er scheint der Mann der Gallerie zu seyn, und dies ist zu bedauern, da es ihm an Talenten zum wirklich Komischen nicht zu fehlen scheint.

Hr. Braun machte den alten Hauptmann Sivart, seine zu rauhe Sprache ausgenommen, sehr brav und zusammenhängend. Er fällt nie aus seinem Tone und verliert den Zwek seiner Rolle selten aus dem Auge.

Leben Sie wohl mein Freund! noch einige Briefe bekommen Sie über die deutsche Bühne, dann sollen Sie eine ausführliche Kritik der französischen haben, die ich eben so fleißig besuche!

Vierter Brief.

Hamburg im Sept. 1797.

Ehe ich Ihnen lieber Freund, meine Kritik über eine Vorstellung von Schröders Portrait der Mutter — welche ich gestern den 12ten d. M. gesehen habe — schreibe, muß ich noch etwas, meine

meine Theorie betreffend, entwickeln. Ich habe schon so oft von dem Ton einer Rolle gesprochen, ohne zu erklären, was ich eigentlich darunter verstehe oder die Gründe anzugeben, nach welchen der Ton dieser oder jener Rolle bestimmt werden muß. Unter Ton einer Rolle verstehe ich das **Eigenthümliche, welches in der ganzen Manier der Darstellung beobachtet werden muß, um dem darzustellenden Charakter genau zu entsprechen.** Diese Eigenthümlichkeiten werden durch gewisse allgemeine Gründe bestimmt, als 1) **Geschlecht**; anders benimmt sich der Mann, anders das Weib, daher hört man selbst im gemeinen Leben so oft die Bemerkung — daß dieser oder jener Mann ein weibisches — die Frau ein männliches Betragen habe —; 2) **Temperamente.** Man zählt gewöhnlich vier Temperamente, die sich in ihrer eigenthümlichen Handlungsweise sehr von einander unterscheiden und oft das entscheidendste Merkmal in der Bestimmung des Tons einer Rolle werden. Das Betragen des Sanguinikers ist leicht, hüpfend und abgebrochen — des Cholerikers fest, entschloßen und zusammenhängend — des Melancholikers umständlich, langsam aber bestimmt — des Phlegmatikers endlich träge, schleppend und unentschloßen. 3) **Alter.** Anders handelt der Jüngling, anders der Mann, anders der Greis — wenn auch alle drei wahr, schön und zwekmäßig handeln. 4) **Kultur und**

Lebensart. Ein wichtiger Grund. Der Gebildete benimmt sich anders als der Bauer, der Weltmann anders als der einseitige Pedant. 5) Charakter. Der beherzte Muthige geht anders einher, als der Furchtsame und Feige — der biedere Menschenfreund anders als der listige Bösewicht u. s. w. — 6) Situation. Darunter verstehe ich die ganze Lage nach allen Beziehungen, unter welchen eine Person auf der Bühne erscheint, ob als Herr oder Knecht — ob gesund oder krank u. s. w. Ehe der Schauspieler nun den Ton seiner Rolle bestimmt, muß er genau untersuchen: welches Temperament, Alter, welchen Grad der Kultur und Charakter er ihr beilegen kann und in welcher Situation er auftreten muß. Vernachläßiget er dies, so läuft er jedesmahl Gefahr den Ton zu vergreifen, oder aus einem in den andern zu fallen, und etwas unzusammenhangendes zu liefern — der Fehler aller Schauspieler, die noch Anfänger sind, oder Anfänger bleiben. — Jezt zu der Vorstellung.

Herr Langerhans machte den alten Wakker meisterhaft. Der Ton seiner Rolle war richtig gestimmt — sein Spiel wahr und zwekmäßig. Seine Sprache hat — vorzüglich wenn er schnell redet — etwas unarticulirtes, das inzwischen heute ganz an seiner Stelle war. Er gehört zu den wenigen Mitgliedern der hiesigen Bühne, die nur selten in den Kanzelton fallen. — Die Scene, wo er seine Rolle probiren will, trug er mit einer rührenden Wahrheit vor. — Es waren heute für ihn weder Souffleur noch Publikum da. Spielte Hr. Langerhans jede Rolle wie die heutige — oder vielmehr paßte der Charakter jeder Rolle zu seiner eigenthümlichen Handlungsweise wie die heutige — er würde wenig zu wünschen übrig lassen.

Md. Fiala machte die Md. Wakker — im Ganzen recht gut. Sie hat indeß für alle ihre Rollen nur einen Ton — und da ist es dann nicht einmal Verdienst, wenn er paßt.

Md. Eule machte die Wilhelmine schlecht. Ihr Spiel hat weder Ausdruk noch Grazie — ihr Betragen ist steif und ihre Sprache unbiegsam. Will sie sich zu einer guten Künstlerin empor arbeiten, so hat sie noch viel zu thun.

Md. Langerhans als Johanna verdiente allen Beifall, der ihr gezollt wurde. Ihre ziehende singende Sprache ausgenommen — worüber ich mich schon erklärt habe — wußte sie den Ton des schalkhaften Mädchens so gut zu treffen, als den Ton des Naiven.

Hr. Herzfeld machte den Rekkaw. Dieser Künstler hat Talent und Willen — aber es fehlt seinem Spiele etwas — warum ich eigentlich zu meinem heutigen Briefe eine Einleitung machte.

Er bestimmt den Ton seiner Rolle nicht gehörig, und deswegen mangelt seinem Spiele Harmonie und Zusammenhang. So stand er z. B. in der 2ten Scene vor dem Doktor, ganz mit dem Anstande und dem Betragen des ernsthaften und gesezten Mannes (im Tone des Cholerikers) so bald dieser aber seiner Liebschaft erwähnt, springt er trallernd und singend um ihn herum. Der Mann, der dies konnte, ohne lächerlich zu werden — mußte vom Anfange an im Tone des ächten Sanguinikers spielen. Allein so blieb sein Spiel bis ans Ende, ohne bestimmten Ton — mithin auch ohne Haltung und Zusammenhang. — Es mögen ihm nun einzelne Stellen so gut gerathen wie sie wollen — das Ganze bleibt ohne Eindruk. — Seine Sprache hat gleichfalls etwas Schwieriges, die Zunge scheint immer an die Zähne zu stoßen. — Dies giebt seiner Deklamation etwas Pretiöses das ihm vorzüglich in Rollen wie die heutige sehr schadet. Rekkaus Worte sollen so leicht über die Zunge fließen, wie die Bewegungen seines Körpers erfolgen — man darf keine Anstrengung bemerken. In den französischen Versen, welche er auf der kleinen Bühne recitirte, gelang es ihm ziemlich gut, das Uebertriebene der Deklamation der französischen Schauspieler lächerlich zu machen. Möchte er sich doch auch die Feinheiten, welche jene Künstler oft mitten unter ihre unnatürlichen Uebertreibungen zu legen wissen, eigen machen! —

Herr Werby war als Doktor Bernheim nicht ganz an seiner Stelle. Er war etwas zu kalt zu steif; oder mit andern Worten: seine Geberdensprache war zu arm — zu mager. So sehr sich der Schauspieler zu hüten hat, die Luft nach der Shakespearschen Regel nicht unnütz mit den Händen zu durchsägen — so unangenehm ist es auch, wenn er die Hände gar nicht gebraucht. Wenigstens gehört eine zwekmäßige Gestikulation durchaus zum Tone des gebildeten Mannes.

Herr Löhrs verfehlte den Sir Barrington ganz. Er wollte etwas von Stolz in seine Rolle legen, und machte sie steif.

Herr Eule traf den Gebhart recht gut. Er machte einen schleichenden Bösewicht daraus, der dennoch dumm genug ist, in die Schlinge eines noch feinern Spizbuben zu fallen. Es ist in der That möglich, daß ein so abgefeimter Betrüger wie dieser Gebhart — weil er seiner Geberdensprache nicht gewiß ist — gar nicht gestikulirt, um nichts von dem zu verrathen, was in ihm vorgeht — oder höchstens einige unbedeutende — fast mechanische Bewegungen mit den Armen macht; daß er, um auch nichts durch den Ton seiner Rede zu verrathen — jedes Wort in einem schleichenden — nichtssagenden Tone wie das andre hervorbringt — wenigstens machte Hr. Eule die

Rolle so — und ich fand viel Bedeutung in dem Spiele. Ein feinerer Bösewicht hätte ohne Zweifel den Ton des ehrlichen Mannes affektiret, aber der hätte sich auch nicht von Franz so hintergehen lassen. — Ob Hr. Eule indeß die Rolle so spielte, weil er sie so spielen wollte, ist eine Frage die ich nicht zu entscheiden wage.

Hr. Kupfer machte den Franz nicht übel. Er hatte den Ton recht gut gewählt — vielleicht ein wenig zu lebhaft.

Es wurde heute noch ein Nachspiel gegeben, Splenn — oder der vernünftige Narr. Hr. Reinhardt vergriff seinen Engländer sehr. Steife Grimasse — ein harter, unbiegsamer Ton der Sprache — auffahrende Heftigkeit u. s. w. charakterisiren ihn nicht. — Festigkeit im Gange und Kraft in den sparsamen Geberden — einen ruhigen Ton, der nicht auf einmal — sondern nur nach und nach warm werden darf — dies hätte in seinem Tone liegen sollen, und dies vermißte man. Hr. Werdy war im Jakob ganz zu Hause — er nahm ihn zwar in derselben Manier als neulich den Anton — aber diese Manier gelingt ihm vortrefflich. Md. Langerhans als Therese verdiente den Beifall, der ihr in so reichem Maaße gezollt wurde, vollkommen.

Leben Sie wohl mein Freund! — Ich habe Ihnen nur noch wenige Mitglieder dieser Bühne bekannt zu machen, und über die schon bekannten noch einiges nachzuhohlen — um Sie in den Stand zu sezzen, mein Urtheil über das, was die Gesellschaft leisten kann — zu prüfen. —

Fünfter Brief.

Hamburg im Oktob. 1797.

Den 15ten September wurden zwei kleine Stükke gegeben. Zuerst: Leichtsinn und gutes Herz — ein kleines Lustspiel von Hagemann.

Hr. Löhrs machte darin den alten Sekretär Schulz — einen zärtlichen Vater. Aber wie sehr hatte er den Ton vergriffen — oder vielmehr; wie wenig paßte der Ton, der ihm natürlich ist, und in welchem er alle Rollen vorträgt, zu dem Charakter, den er heute darstellen sollte! Statt der warmen zärtlichen Natur in der Sprache, predigte er im regelmäßigsten Kanzeltone — statt des innigen Gefühls, das in seiner Geberdensprache sich ausdrükken sollte — war sie kalt — mechanisch und bedeutungslos. Daher lag zwischen dem Sinne der Worte und dem Tone, in dem sie gesagt wurden — zwischen dem Gefühle, das ausgedrükt werden sollte, und der Geberde ein Kontrast, der die Darstellung um ihren ganzen Eindruk brachte.

Herr Werdy machte den August — einen leichtsinnigen Jüngling von guten Herzen. Ob gleich in dem Spiele des Hr. Werdy viel Wahres und Schönes lag, so fehlte doch viel, um den Charakter richtig zu treffen. August schildert sich selbst in der Erzählung seiner Lebensart — und zeigt sich auf der Bühne durch seine Handlungen — als ein ächter Sanguiniker. Daher müßen seine Bewegungen schnell — leicht abgebrochen seyn, seine Rede muß leicht fließend und hüpfend vorgetragen werden. Bei seinem nachherigen Unglük darf er nicht ruhig bleiben, dies ist dem Sanguiniker nicht möglich. Er kann seiner Pflicht ein schweres Opfer bringen — nicht weil er raisonnirt und nachdenkt; sondern weil er ein gutes Herz hat. Er fühlt sein Unglük, seine traurige Lage aber eben so gut, so lebhaft dabei — wie er seine Freude und kurz vorher seine Reue fühlt. Sein Schmerz muß sich also sehr lebhaft und sichtbar äußern —. Hr. Werdy trat mit dem Benehmen des gesezten Mannes — seine Kleider abgerechnet — auf die Bühne. Seine Sprache war langsam, hangend — die Zunge schwer. Gegen den Hauptmann nahm er sich als wie ein Mann — der entschloßen ist, nach Grundsäzzen zu handeln. In seinem Unglükke blieb er **gleichmüthig**, und die Furcht vor dem Hohnlachen und Verspotten seiner alten Bekannten erfuhr man **bloß durch Worte**. Kurz er trug die ganze Rolle im Tone des cholerischen Phlegmatikers vor — und deßwegen lag auch in seinem Spiele eine Art von Widerspruch, der dem aufmerksamen Zuschauer keinesweges entgieng. Ich habe schon gesagt, daß in seinem Spiele viel Schönes und Wahres lag; er drükte oft durch Ton und Geberde tiefes Gefühl aus. Schade daß er nicht durch mehr Aufmerksamkeit auf den Ton der ganzen Rolle sein heutiges Spiel der Vollkommenheit näher brachte! —

Herr **Reinhardt** machte den Hauptmann — recht brav. Schade daß seine Sprache so viel Monotonie hat. — Daß in seinem Vortrage nicht Zusammenhang genug war, ist nicht so wohl ihm als dem Dichter zuzurechnen, der den Charakter des Hauptmanns ohne **Haltung** zeichnete. In den ersten Scenen erscheint er mit einem **kleinen verächtlichen Herzen** — in der lezten mit einer **edlen großmüthigen Seele** — und die Verwandlung geschieht in zwei Scenen! Bei Rollen der Art muß der Schauspieler stolpern und die Kunst verzweifeln.

Auf dies kleine Stük folgte: die vier Vormünder, ein Lustspiel nach dem Englischen — das seine mehrsten Freunde allenthalben auf der Gallerie zählt.

Herr Reinhardt machte den Hauptmann Harcourt. Der große Beifall, den er in dieser Rolle erhielt, war nicht ganz verdient. In der ersten Scene mit Modelove übertrieb er den Franzosen zum völligen Unsinn. Wozu das? Verdient jezt der Franzose noch als ein Gek lächerlich gemacht zu werden, oder ist überhaupt Hamburg der Ort dazu? Oder kitzelt das wiehernde Gelächter der Gallerie die Ohren so sehr? — Als Pachter war die Kunst, mit welcher er sich zu verstellen wußte, der Bewunderung werth; auch traf er dabei den Ton des Alters sehr gut — nur schade daß er sich durch den Beifall der Menge oft hinreißen ließ, die Wahrheit des Spiels der Grimasse zu opfern! — Als Holländer spielte er recht brav. Der ganze Ton des Vortrags war wenigstens abgeändert und ziemlich gehalten. Die eingemischten holländischen Brokken fanden ungemeinen Beifall —. Als Quäker fiel er indeß jeden Augenblik aus dem angenommenen Tone; und Meister Prim mußte absichtlich die Augen zu thun, um den Betrug nicht zu entdekken. Die Rolle an sich ist inzwischen in Rüksicht der Kunst so undankbar, daß es einem Schauspieler in der That nicht sehr zu verdenken ist, wenn er in seinem Vortrage weniger auf sie, als auf sein Publikum achtet! —

Herr Langerhans als Periwinkel spielte heute schöner, als ich ihn noch gesehen hatte. Wie so ganz in einem Tone, wie sprechend charakterisirt, wie wahr und zwekmäßig war sein Spiel! Es ist unmöglich, die abergläubische Neugierde wahrer darzustellen, als er es bei der Erzählung des Wirths von dem Gürtel der Unsichtbarkeit that. Mit halbem Leibe auf seinen langen Stok gelehnt, schien er mit ofnem Munde und weitem Auge jedes Wort mit allen Sinnen verschlingen zu wollen. — Seine Redeart war freilich unabgeändert, wie sie immer ist — aber gerade für diesen Charakter passender als jede andre. Selbst auf sein Aeußeres war die größte Sorgfalt gewandt — alles paßte zum Ganzen.

Herr La Roche blieb im Modelove weit unter dem Mittelmäßigen. Verzerrte Gesichter, steife grimaßierte Büklinge, eine stotternde Sprache — kurz nahm man die Karrikatur aus seinem Spiele, so blieb nichts Reelles nach —

Herr Löhrs als Tradlove war mehr an seinem Plazze. Er hatte zu kurze Reden, um ganz in seinen Predigerton fallen zu können; zu wenig Gefühl und Affect auszudrükken, als daß der Mangel an Geberden sehr bemerkbar geworden wäre.

Herr Leo als Prim und Md. Fiala als seine Frau übertrieben beide ihre Quäker bis zum Unsinn.

Md. Eule war in Miß Modelove ganz am unrechten Orte. Ihre Sprache fällt jeden Augenblik in einen unangenehmen Predigerton, ihre Geberden sind kalt und bedeutungslos.

Herr Braun machte den Freemann recht brav. Er hatte den Ton der Rolle richtig getroffen und blieb ihm überall getreu. Schade daß der unbiegsame rauhe Ton seiner Sprache in jeder Rolle so sehr auffällt! —

Hr. Eule gefiel als Wirth sehr. In der That scheinen dergleichen Rollen sehr passend für ihn zu seyn. Er kann dabei mit seiner gewöhnlichen Handlungsweise und mit seinem eignen Tone auslangen, und da gehts gut. Tritt er aber in Rollen auf, wo der darzustellende Charakter in beiden eine Abänderung nöthig macht — so gukt z. B. in der Rolle des Maseru aus den Kleidern des Feldherrn der Gastwirth hervor —

Verlieren Sie die Geduld nicht, mein Freund! Nun noch einen Brief — und ich bin mit dieser Bühne fertig. —

———

Sechster Brief.

Hamburg im Oktob. 1797.

Ich versprach Ihnen von der hiesigen Bühne noch einen Brief — zanken Sie aber nicht, wenn er etwas lang wird. Ich habe Ihnen von einigen Mitgliedern noch gar nichts gesagt — von andern muß ich noch etwas nachholen. Ich will indeß die Vorstellungen nicht einzeln durchgehen, sondern bei jedem Mitgliede sagen, was ich in dieser oder jener Rolle über das Spiel desselben bemerkt habe.

Herrn Rau hab ich noch in vier ganz verschiedenen Rollen gesehen, als Hauptmann im Sonntagskinde, als Alcindor in der Arsene, als Tarare im Richard Löwenherz. Der Ton, in welchem er diese Rollen spielte, war im Ganzen derselbe, wie ich ihn bei der Rolle des Rokka im ununterbrochenen Opferfeste geschildert habe. — Ueber die Wahrheit und Zwekmäßigkeit seines Spieles, habe ich indes mein Urtheil noch nicht gesagt; jezt bin ich im Stande diese Lükke auszufüllen. — Seiner Darstellung fehlt es an Wahrheit, Schönheit und Zwekmäßigkeit. Seine Geberden sind größtentheils willkührliche Bewegungen ohne Sinn. Er faltet die Hände, drükt sie auf die Brust, läßt sie sinken — nicht wie die Wahrheit der Versinnlichung es befiehlt; sondern nach bloßer Willkühr. Figürliche und mahlende Geberden sind ihm fast gänzlich unbekannt. Belege zu diesem Urtheile kann ich Ihnen aus jeder der genannten Rollen anführen. Es versteht sich übrigens von selbst, daß bei einer willkührlichen Geberdensprache auch manche Bewegung durch das Ungefehr recht artig paßt, oder sich doch wenigstens — durch ein dunkles Gefühl geleitet — in der Nähe des Sinnes befindet. Der Mangel an Schönheit entspringt bei ihm größtentheils aus dem Tragen des ganzen Körpers, welches nicht Kraft genug verräth, und einen phlegmatischen Anstrich hat. Die Zwekmäßigkeit fällt mit der Wahrheit zugleich. — Eine Geberde kann zwar wahr — ohne Zwekmäßigkeit seyn, aber nie zwekmäßig ohne Wahrheit.

Herrn Braun sah ich nachher als Arur im Tarare — aber in dieser Rolle entsprach er meiner Erwartung nicht. War es Unaufmerksamkeit auf sein Spiel, daß er eine Menge willkührlicher — oft zwekwidriger Geberden einmischte? z. B. das öftere Aufheben der offnen Hände gen Himmel u. s. w. das Lied: Ich rase u. s. w. trug er in einem ziemlich ruhigen Tone vor, welches mit den Worten einen gewaltigen Kontrast machte.

Herr Krug, ein guter Baßist. Er gesellt sich zu dem großen Haufen der Schauspieler, von denen man gewöhnlich sagt: Sie verderben ihre Rolle nicht; das denn eben so viel heißt, als: sie erreichen ihre Rollen auch nicht. — Die Herrn haben gewöhnlich nur einen Ton für alle ihre Rollen und ein größtentheils willkührliches Geberdenspiel. An gute Deklamation, feinen Ausdruk des Gefühls, und richtigen Ton ist bei ihnen nicht zu denken.

Vom Herrn Löhrs habe ich Sie schon oft unterhalten — noch etwas von dem Eigenthümlichen seiner Geberden. Er schreitet nie aus den Grenzen der Gestikulation, an Darstellung ist gar nicht zu denken. Sein Körper bleibt daher fast immer gerade, die Arme gebogen, so daß sich die Hände in der Mitte des Leibes befinden. In dieser Stellung gestikulirt er viel und oft sehr schnell — die Hände fahren in ihrer kleinen Region herum — erheben sich aber so selten über den Mund in die Höhe als sich die Ellbogen vom Leibe trennen. Aber auch diese Gestikulation ist größtentheils willkührlich. Ein Beispiel: In der Einwilligung wider Willen, machte er den Vater. Da er seiner Schwiegertochter eine Liebeserklärung thut, und diese als Hinderniß eines Geheimnisses erwähnt, fragt er heftig: Was Geheimniß? Bei diesen Worten spielte Hr. Löhrs mit der linken Hand an der Westentasche, und stekte die rechte langsam in den Busen. In dieser Stellung blieb er, bis die Dame ihre Erzählung vollendet, dann nahm die linke ein Taschentuch heraus, und drükt es mit spizzen Fingern sanft aufs linke Auge, dann kam die rechte zu Hülfe, und ohne sich weiter zu bewegen, kamen nun die Worte — im gewöhnlichen Kanzeltone — heraus: **Sie entlokken mir Thränen!!** —

Herr Herzfeld und Werdy habe ich noch in einer Menge Rollen gesehen, finde aber an meinem vorigen Urtheile nichts zu ändern.

Noch etwas über die Damen!

Md. Lange habe ich nachher als Arsene, als Astasia im Tarare, und vorzüglich als Mathilde in Richard Löwenherz bewundert. Ihr Gesang bezaubert, aber ihr Spiel? Ich habe meine Meinung schon darüber gesagt.

Md. Stegmann habe ich als Fee Aline in der Arsene gesehen. Die Rolle ist sehr unbedeutend — doch hören Sie wie Md. Stegmann als Aline erschien. Sie ist ziemlich bejahrt und hat fast alle Zähne verlohren. Ihr Haar hatte sie hoch und steif frisiren lassen, und mit einer Menge Band und Federn bestekt. Ihr Kleid war etwas altmodisch — von dunkelrothem Taft mit sehr großen silbernen Blumen und Ranken durchwirkt; hinten
vom

vom Kopf hieng ein schwarzer Schleier herab — und diese Figur trat mitten auf die Hamburger Bühne und sagte in einem halb unverständlichen Tone: Erkenne in mir die Fee Aline!! —

Md. Hönike habe ich Ihnen schon erwähnt — doch noch etwas Ausführlicheres über ihr Spiel. Ich habe sie als Nautchen im großen Loose gesehen. Ihre Geberden hatten viel Bedeutung, waren oft schön und zwekmäßig. Schade daß sie auf ihre Sprache nicht mehr Sorgfalt wendet! Ihr Ton ist trokken und stokkend; deswegen die sanfte Sprache des Gefühls ihr gar nicht gelingt, und überhaupt an schöne Harmonie der Rede gar nicht zu denken ist. Könnte sie diese Schwierigkeiten durch anhaltende Anstrengung überwinden — so würde sie — da es ihrem Spiele nicht an Grazie fehlet — mit großem Beifalle auftreten.

Md. Braun. Ich habe diese Schauspielerin nur einmal auf der Bühne gesehen, und zwar als Haushälterin des Advokaten, im Jurist und Bauer. Sie traf den Ton dieser Rolle recht gut, und einige Züge gelangen ihr sehr wahr und schön z. B. da Lanz sie zur Rede stellt wegen der heimlich genommenen Geschenke, wo sie die Verlegenheit vortrefflich malte.

Md. Löhrs hat in ihrem Spiele viel Wahres und Zwekmäßiges, aber zu wenig Grazie. Ihr Ton der Rede hat etwas trokncs schneidendes, das die feinern Biegungen unmöglich macht. Ich habe sie nur im naiven Mädchen und Saubretten gesehen, allein ihre Naivität erscheint bloß als Affektation. Am auffallendsten ist dies in der Einwilligung wider Willen, wo sie das Kammermädchen macht.

Msell. Jaime hat in der That Talente, aber noch viel zu wenig Ausbildung. Sie nimmt noch alle Rollen aus einem Tone. Blondchen, in der Entführung aus dem Serail gelang ihr recht gut. Sie hat etwas Leichtes in ihrem Benehmen, wodurch ihm der sanguinische Ton recht gut geräth. Ihre Sprache hat indes etwas Ziehendes, das nicht selten unangenehm wird. In den stummen Zwischenspielen während der Musik in der Oper, die durch Pantomimen ausgefüllt werden sollen, fällt sie gewöhnlich in den Ton der größesten Lebhaftigkeit — ein Fehler, den so viele Schauspieler haben! — wobei es denn scheint, als ob man alles, was man sich mitzutheilen hat, auf diesen kurzen Augenblik verschoben habe.

Doch mein Freund, ich will jezt meinen Bemerkungen über einzelne Mitglieder ein Ende machen. Die Gesellschaft ist noch stärker — aber Sie verlieren nichts, wenn Ihnen die übrigen unbekannt bleiben. Md. Herzfeld, ehemalige Msell

Stegmann, habe ich gar nicht gesehen, weil sie jezt, ihrer Schwangerschaft wegen die Bühne nicht betritt. — Noch einige Worte, das Ganze betreffend!

Wenn Sie sich erinnern, was ich in meinem Briefe über die Mitglieder der Gesellschaft, über Arrangement der Stükke — und Dekorationswesen bemerkt habe, so werden Sie das Resultat meiner Betrachtungen über das Ganze gegründet finden; daß nehmlich: „diese Gesellschaft, wie sie jezt zusammengesezt ist, nicht im Stande ist, ein gutes Stük — Schauspiel oder Oper — so aufzuführen, wie man es von der hiesigen — und jeder guten Bühne — berechtigt ist, zu fordern." Der Beweis liegt offen in meinen Beobachtungen da. Will man das Gegentheil behaupten, so zeige man mir, daß ich entweder in den Prinzipien der Kunst, auf welche ich meine Kritik gegründet habe, irre, oder man beweise mir, daß ich unrichtig und falsch beobachtet habe — in beiden Fällen will ich mich gern belehren lassen.

Ich fordere von der Gesellschaft jeder guten Bühne — und das soll jede Bühne seyn, die das Publikum durch Unterstüzzung in den Stand sezt, es seyn zu können — daß sie mir bei der Vorstellung eines Stükkes ein gewisses Ganze liefern. Darunter verstehe ich

1) Die Rollen müssen so besezt werden, daß die Darstellung wahr und zwekmäßig wird. Ist dies in Hamburg der Fall? Fallen nicht in jeder Vorstellung einige Rollen so sehr aus, daß das Ganze darüber die Haltung verliert, und gleichsam zerstükkelt wird? Und wenn es auch möglich wäre, vorzüglich kleine Stükke so zu besezzen, warum thut man es nicht? Warum schiebt man überall Mitglieder ein, an deren Stelle man bessere könnte auftreten lassen?

2) Das ganze Arrangement des Stüks muß dem Zwekke der Darstellung entsprechen und den Faden der Handlung so weit möglich deutlich machen. — Man lese nach, was ich hierüber in meinem ersten Briefe gesagt habe. Ich kann aus den nachher gesehenen Vorstellungen noch eine Menge Beweise anführen, wie sehr man dies vernachläßigt. Jedes Mitglied scheint sich in der Wahl der Garderobe beinahe selbst überlassen zu seyn. Man denke an die Fee Aline in der Arsene, deren ich schon erwähnt habe! So trat Hr. Löhrs als Sir Barrington im Portrait der Mutter in einem verblichenen abgetragenen röthlichen Samtrok auf — so erschien Msell Jaime als Schwester des Hr. v. Hasenkopf

im Sonntagskinde mit der Garderobe einer alten Obsthändlerin. Um sich alt zu schminken, hatte sie hie und da einige Striche mit Kohle im Gesicht gezogen. Dies alles stöhret und vernichtet die Wirkung des Ganzen.

3. **Daß auch das Dekorationswesen dem Zwekke der Darstellung angemessen, und wenigstens nicht hinderlich sey.** — Und, wie sieht es damit auf dieser Bühne aus? Ist es nicht lächerlich, und dem Eindrukke des Ganzen hinderlich, wenn wir Leute vor uns sehen, denen Geschmak und Verschwendung beigelegt wird, und sie bewohnen, indem die Rede davon ist, ein Zimmer, das so geschmaklos eingerichtet, als mit Armseligkeiten verziert ist? Oder muß es nicht sonderbar scheinen, wenn Richard Löwenherz sich über seine Gefangenschaft — über die Unmöglichkeit beklagt, entrinnen zu können, und doch die Pallisade, hinter welcher er steht, nicht höher ist, als daß er ruhig, ohne zu springen, darüber wegschreiten kann? Wollte ich alle Züge dieser Art aufzeichnen, wann würde ich fertig werden! Und doch sollte dies auf einer guten Bühne nicht der Fall seyn — sollte alles so eingerichtet seyn, daß der Haupteindruk des Ganzen, durch die harmonische Mitwirkung der einzelnen Theile befördert und verstärkt würde.

Für das Aeußere der Bühne hat man doch so viel gethan, daß diese Tage ein neuer Vorhang aufgehangen wurde. Aber auch dieser ist noch weit entfernt, seine Stelle zu verdienen. Er stellt in einer ängstlichen und unvollkommenen Mahlerei, eine Landschaft vor. Im Hintergrunde ist Hamburg und der Alsterfluß zu sehen. Im Vordergrunde steht unter einer Gruppe von Bäumen ein ägyptischer Obelisk, an welchen die Attribute unseres Schauspiels aufgehangen sind. Ich will die Zusammensezzung nicht einmal rügen, aber geschmaklos ist es doch, ein und dasselbe Attribut an einem Obelisk zwei drei mahl aufgehangen zu sehen, um ihn nur recht bunt zu machen. An dem Fuße stehet nun gar die Inschrift: Artes mollent mores. Wenn die Direktion auch die Ueberzeugung hätte, durch ihre Vorstellungen die Sitten von Hamburgs Bürgern zu verfeinern, so sollte sie doch Delikatesse genug haben, es nicht auf den Vorhang zu schreiben. Auch hätte sie auf die Gefahr Rüksicht nehmen sollen, sich selbst zu kompromitiren, wenn der Vorhang aufgezogen wird. Wenn man auch überhaupt eine lateinische Inschrift machen wollte, hätte man doch leicht einen Mann um Rath fragen können, der sie von Sprachfehlern gereiniget hätte. Denn das Verbum kann unmöglich mollent — von mollere weich seyn — sondern es muß mollint — von mollire sanft machen — heißen.

Ich könnte mich jezt auf die besondern Ursachen einlaßen, warum diese Bühne, welche einst der Stolz deutscher Kunst war, so sehr gesunken ist, doch ich will dies lieber versparen, bis ich von den Ursachen des Verfalls der Kunst in Deutschland überall reden werde. Hr. Schröder hat mit der Direktion eine Veränderung vorgenommen, wodurch offenbar der Verbeßerung noch mehr Hindernisse in den Weg gelegt werden. Er hat das ganze Geschäft einem Ausschuß übertragen, der aus fünf Mitgliedern besteht, nehmlich Hr. **Eule, Löhrs, Stegmann, Langerhans** und **Herzfeld.** Der übrige Theil der Gesellschaft ist, unzufrieden mit dieser Anstalt, mit Hr. Schröder in Streit gerathen, der, wie ich höre, gerichtlich entschieden werden wird. Ich will mich nicht darauf einlaßen, wer dabei Recht oder Unrecht hat, nur so viel ist in die Augen springend, daß die Bühne bei dem allen verliert, und die Schwierigkeiten, sie zu verbeßern, immer größer werden. So lange Schröder noch Haupt dieser Gesellschaft blieb, war nur eine Verbeßerung der Glieder nöthig; jezt — hat das Uebel im ganzen Körper seinen Siz! —

Mein nächster Brief lieber S—. soll Sie mit der französischen Bühne bekannt machen — leben Sie wohl! —

Siebenter Brief.

Hamburg im Oktober 1797.

Hier mein Freund theile ich Ihnen auch meine Bemerkungen über die hiesige französische Bühne mit. Ich hoffe ihre Neugierde in dieser Rüksicht ganz zu befriedigen. — Ich habe diese Bühne sehr oft besucht, und meine Bemerkungen jedesmal auf der Stelle ausführlich niedergeschrieben. Ich kann daher meiner Kritik ein zusammenhängenderes Aeußere geben — um Ihnen einen leichtern Ueberblik zu verschaffen. Ich werde also nicht die einzelnen Vorstellungen durchgehen, die ich gesehen habe, sondern die Mitglieder nach einander die Revue paßiren laßen, und sie nach den verschiedenen Rollen beurtheilen, in welchen sie auftraten. — Die Damen mögen den Anfang machen; und unter diesen? welcher könnte ich den Vorrang einräumen als:

Md. Chevalier — nicht weil ich sie für die erste Schauspielerin dieser Bühne — oder überhaupt für eine große Schauspielerin halte — sondern weil das Publikum sie dafür hält — weil man in hiesigen Gesellschaften sicher nur gefragt wird: ob man Md. Chevalier gesehn hat? niemals: wie sie gefällt! — denn daß sie gefällt, sezt man sicher voraus. Ich kann indeß, nachdem ich sie oft gesehen, und in Rollen aller Art beobachtet habe, kein anderes Urtheil über sie fällen, als daß sie ihren Beifall mehr ihrem schönen Körper, und der ungemeinen bezaubernden Grazie zu verdanken hat, die sie über ihr ganzes Spiel — auch selbst wenn es falsch und zweklos ist — zu verbreiten weiß — als der Kunst, in der sie nur Anfängerin ist. Ich will keinesweges leugnen, daß sie nicht in jeder Rolle eine Menge einzelner Gemälde aufstellt, in welchen sich Wahrheit und Natur — Schönheit und Zwek vollkommen vereinigen — aber dies ist auch alles! Sie ist nicht fähig, irgend eine Rolle in einem zusammenhängenden Tone vorzutragen; sie vergißt sich jeden Augenblik, spielt halb mit ihren Mitspielern als N. N. und halb mit dem Parterr als Md. Chevalier. In Rüksicht ihrer Deklamation hat sie nur einen Ton, sie mag als kleine Matrose — oder als Lodoiska auftreten. In Rüksicht des Geberdenspiels hat sie — wenn Sie wollen — zwei Töne, einen für naive lustige Rollen, der ihr so sehr schön geräth; und einen für ernste, tragische Rollen, der ihr sehr mißräth, weil man immer die naive, lustige Chevalier zu sehen glaubt — und oft wirklich sieht — die sich einmal ernst oder traurig stellt: — Wenn sie singt ist ihr Geberdenspiel ein ewiges

unabänderliches Einerley ohne Wahrheit und
Zwek. So sezt sie z. B. den linken Fuß so nahe
an den Rand der Bühne als möglich, er neigt
sich gegen das Parterr herüber — dann erhebt
sie die linke Hand — die rechte folgt nach, unter
dem Kinn falten sich beide zusammen, und sinken
herab, indem sich der ganze Körper und vorzüglich
das Gesicht etwas nach der Seite hinneigt —
nun erhebt sie sich wieder, und dieselbe Bewegung
erfolgt aufs neue. Daß sie auch in dieses mechanische Spiel viele Grazie legt — macht es zwar in
den Augen des Publikums — aber nicht vor dem
Richterstuhle der Kunst verzeihlich. Als Sängerin
nimmt sie einen mittelmäßigen Rang ein — ihre
Stimme hat eine sonderbare Art von Heiserkeit, die ihr sehr schadet. Hier haben Sie die ausführlichen Belege und Gründe meines Urtheils!
Ich sahe Md. Chevalier:

Den 4ten Septbr. als Fulbert im kleinen
Matrosen. Sie hatte einen ungemessenen Beifall — sie spielte mit so vieler Naivität und Wahrheit, mit so viel Feinheit und Grazie — aber
mit der Feinheit und Grazie eines gebildeten Weibes — und Mr. Fulbert ist ein trozköpfiger Matrose — daran hatte Md. Chevalier zu wenig gedacht,
und das Publikum dachte ihr zu Gefallen gar nicht
daran. Ihr: Contre les chagrins etc. — trug
sie so lebhaft und schön vor, daß sie es wieder-

bohlen mußte. Schade daß der gute Junge jeden Augenblik durch sein Benehmen verrieth — daß er ein verkleidetes Weib sey —

Den 11 Septembr. sahe ich sie als Babet in der kleinen Oper Blaise et Babet. Hier ist sie eigentlich in ihrem Elemente — in dem Tone des naiven Landmädchens. Mit welcher Wahrheit warf sie die von ihrem Liebhaber verschmähten Blumen umher — und sammelte sie, mit sich selber zankend, wieder auf. Wie viel Ausdruk weiß sie nicht in ihr reizendes Mienenspiel — in das Lächeln des Mundes — das schalkhafte Auge zu legen? — doch warum verbindet sie mit diesem schönen Spiele oft so wenig Zwekmäßigkeit? — warum wendet sich so oft ihr Gesicht, mitten im schönsten Ausdruk, von dem Geliebten weg, um ins Parterr zu lächeln? das niedliche Liedchen: Lise chantoit dans la prairie — mißrieth ihr beinahe gänzlich. Mit ihren mechanischen Bewegungen der Hände verband sie gegen das Ende ein so übertriebenes, gezwungenes Schluchzen, daß selbst die Schönheit der Darstellung darüber verloren gieng. Bei der Romanze im 2ten Akt: Entends ma voix u. s. w. trat sie auf den äußersten Rand der Bühne, und faltete ihre Hände — mit der gewöhnlichen Bewegung — so unausgesetzt; als ob das ganze Lied blos an das Publikum gerichtet, und der Sinn gewesen wäre: Klatscht mir doch Beifall! — Die

Aussöhnungsscene zwischen ihr und ihrem Geliebten wurde von beiden ganz verfehlt. — Sie giengen rükwärts gegen einander, bis sie sich ganz an einander lehnten, Rükken an Rükken — Kopf an Kopf — Niemand sahe zur Seite — nun suchten sich die Hände zu begegnen, und nach unzähligen Versuchen faßte er ihre Blumen — sie sein Band, und nun sprangen sie plözlich, ohne alle weitere Vorbereitung herum und stürzten sich in die Arme —. Etwas mehr Respekt sollte man doch für die Wahrheit des Spiels selbst — in der Oper haben!

Den 13ten machte sie in der Aussteuer die Colette. Die Rolle gleicht ganz der Babet — mithin war auch ihr Spiel dasselbe.

Den 19ten sahe ich sie in der Rolle der Nina. Gespannter war meine Aufmerksamkeit nie. Md. Chevalier spielte bezaubernd schön — aber — wo blieben Wahrheit und Zwekmäßigkeit. So wie sie auftrat, wurde sie mit einem ungeheuren Beifallklatschen empfangen — und doch war es keine Nina, die wir sahen? — Nichts von dem traurigen — seelenerschütternden Wahnsinn, der die Hände — den ganzen Körper wie zweklos, nach dem dunkeln Gefühl eines Bedürfnisses bewegt, das nie ganz deutlich entwikkelt wird; — der das Auge auf einen Gegenstand hinstarren läßt — der nicht da ist.

Md. Ch. trat auf wie ein trauriges gedankenvolles Mädchen — da sie sich an den Baum hinsezte, und mit verzogenem Gesichte wie unwillkührlich hin und herrükte — glich sie wirklich einem unartigen Kinde, daß seinen Eigensinn nicht befolgen kann, und sich doch laut zu schreien fürchtet. — Der Wahnsinn, wie Nina ihn darstellen soll, macht keine Grimassen. Sie hat einen festen Punkt, an dem das ganze Bewußtseyn hängt, einen Gegenstand, der ihr ganzes Begehrungsvermögen beschäftiget. Die ganze Welt ist für sie verloren; so fern sie sich nicht auf diesen einzigen Gegenstand bezieht. Sie muß mit heißer Sehnsucht ihres Geliebten harren — ihr Auge nach ihm hinstarren; sie richtet es nun in die leere Ferne, oder auf ihre Baare — von allem diesen wußte M. Ch. nichts. Der Ton ihrer Rede war wie immer — ihre Geberde nur etwas grimassenartiger. — Einzelne Züge geriethen ihr bei dem allen vortrefflich. Darunter gehört vorzüglich die Scene mit dem Vater, ehe sie ihn erkennt — hier athmete Wahrheit und Natur aus ihrem Spiele; ihr: arme Nina! erschütterte jedem das Herz — doch sie fängt an zu singen — und das gegen das Parterre gewandte Gesicht nimmt augenbliklich die Form des gewöhnlichen Lächelns an, und die Hände beginnen ihr mechanisches Spiel: — Die wichtige Scene, wo sie nach dem Gesange mit den Kindern in wilde Phantasien übergeht — mißrieth ihr ganz. Sie spielte ihre ganze Scene gegen das Parterre; hier war der Ort, wo sie unter den Zuschauern die Schrekbilder ihrer Phantasie, und die Schimmer ihrer Hofnung aufzusuchen schien. Aber Nina soll auf dem Wege hin nach dem Geliebten starren — hier drängen sich die Schrekgestalten aus dem Innern ihres zerrütteten Gefühles zwischen sie und ihren Geliebten — sie muß sie fortzuscheuchen oder ihnen zu entfliehen suchen. Die Scene, wo sie Germain zuerst erblikt, machte M. Ch. unübertrefflich. Ihr schnelles Weglaufen und freudiges Zurükkehren, ohne eigentlich zu wissen warum? war aus der Natur gegriffen. Aber von diesem Augenblikke an war ihr ganzes Spiel so rasch, so lebhaft, daß jede Nuance desselben verloren gieng. Das allmählige Erwachen der Vernunft, der stufenweise Uebergang im Tone, in Geberden, Blikken u. s. w. alles fiel hier weg. Deswegen fiel es am Ende unglaublich, daß sie ihren Vater nicht früher erkannt haben sollte. — Warum gelingen die lezten Scenen der Nina, auch den besten Schauspielerinnen so selten? Sie sind offenbar die schwersten — schwerer als daß sie ohne richtiges Studium zwekmäßig sollten vorgetragen werden können. Der Hauptausdruk liegt hier in den figürlichen Geberden, den schwersten von allen, und auf die dennoch der wenigste Fleiß gewandt wird; weil sie dem Auge des gewöhnlichen Zuschauers — wie dem Sinne des gewöhnlichen

Schauspielers entgehen; und doch sind sie für die Kenner das einzige Band, wodurch die verschiedenen einzelnen Gemälde einer Darstellung zu einem Ganzen verbunden werden können.

Als Lodoiska — hatte sie selbst unter ihren entschiedenen Bewunderern nicht allgemeinen Beifall. Sie war der Rolle auf keine Weise gewachsen — weder im Gesange noch in der Darstellung. Von der leztern doch noch etwas. Md. Ch. hat — wie fast alle hiesigen französischen Schauspielerinnen — für die Negation nur eine Geberde; die in derselben Form immer wiederholet wird, es mag nun etwas abgeschlagen, etwas verabscheuet — oder der Entschluß bekannt gemacht werden, etwas nicht zu wollen u. s. w. Sie legen bei dem Sazze, und vorzüglich, wenn er den Schluß einer Rede ausmacht, die Finger der rechten Hand — oder nachdem sie stehen, auch der linken — mit den Spizzen auf den Mund, das Kinn, oder die Brust, und zwar die offne Hand abgewandt. Indem sich nun der Kopf mit einer verneinenden Pantomime zur Seite weg, und nieder beuget, schleudern sie die ofne Hand mit einer etwas zitternden Bewegung weit von sich weg. Die Geberde hat etwas Wahres und malerisch Schönes, wenn sie nicht ganz am unrechten Orte steht. Wenn z. B. der Graf Lodoiska seine Liebe anträgt — sie dagegen betheuert, ihrem ersten Geliebten treu zu bleiben — den Grafen nie zu lieben — ihn und alle seine Mittel zu verachten u. s. w. so ist die Geberde so wahr als zwekmäßig. Ihr Kopf beugt sich verneinend — und voll Verachtung weg, indeß die offne Hand dem Grafen seine angetragene Liebe und Versprechungen zurükwirft. — Wenn dieselbe Geberde aber immer — in einer Form wiederholt wird, so oft etwas verneint, so oft gesagt wird, daß man etwas nicht wolle — verliert sie nicht allein ihre Zwekmäßigkeit, sondern oft selbst ihre Bedeutung.

Endlich komme ich zu der Hauptrolle der M. Ch. in der sie fast allgemein bewundert — in der selbst ihre Darstellung als ein Wunder der Schauspielkunst ausgegeben wird — ich meine die Rolle der Isaure in der Oper: Raul Blaubart. In der That, die Schauspielerin, welche ihr diese Rolle in Hamburg nachspielen und gefallen will; muß ihren schönen Körper, muß die Grazie besitzen, die sie über alle ihre Bewegungen zu verbreiten weiß — muß selbst Meisterin der feinen Koquetterie seyn, wodurch sie sich auch da den Beifall der Menge zu erzwingen weiß — wenn sie sich am weitesten von der Kunst entfernt. Doch die Rolle verdient es schon, sie etwas genauer zu zergliedern. — Wenn sie zuerst auftrit mit ihrem Geliebten und ihrem Bruder, ist ihr Spiel unbedeutend und beim Gesange wie gewöhnlich mechanisch. So bald der
König

König erscheint, und ihr seine Liebe erklärt, wird sie interessanter; die Eitelkeit fängt an mit der Liebe zu kämpfen — der König geht und sie bleibt allein. Einen Puztisch hat man ihr hingesezt, auf welchem das für sie bestimmte Diadem liegt — Isaure besieht es bewundernd, und sezt es sich endlich mit kindischer Freude aufs Haupt — dies macht sie sehr meisterhaft — voll Natur und Leben. Aber in demselben Augenblik ist auch Isaure verschwunden — und Md. Chevalier, die leichte grazienhafte Tänzerin hüpft nach dem Takt der Musik mit aufgehobenen Armen in einer schmachtenden Stellung, mit lächelndem aufs Parterr gerichteten Auge einen großen Kreis auf der Bühne umher — und das ganze Haus erbebt vom Beifallklatschen des Publikums — nicht weil Md. Ch. jezt so wahr, ihre Isaure macht — nein! sondern weil sie Isauren vergessen hat, und in eigner Person so schön tanzt! —

In der Scene, wo der König ihr den fatalen Schlüssel reicht, spielt sie vortrefflich. Man sieht die Neugierde so lange in ihr kämpfen, bis sie siegt — das fatale Kabinet wird geöffnet — und nun folgt ein Gemälde, welches das Meisterwerk ihres Talentes ist. Schon hinter der Scene hört man sie aufkreischen und nun stürzt sie wie wüthend auf die Bühne. Der Schrek hat jede Muskel ihres Gesichts krampfig zusammen gezogen, ihr Auge starrt nach dem schreklichen Kabinet — die Hände scheinen sich mit krampfigen Zukkungen zu we h r e n — Sie geht nicht, indem sie zum Vorschein kommt, sie läuft auch nicht — der Schrek scheint sie bis mitten auf die Bühne zu schleudern, wo sie niederstürzt, aber noch mit erstaunender Schnelligkeit und einer großen Kraft, die, wie es scheint, nur die konvulsivischen Zukkungen des Körpers hervorbringen, rutscht sie auf den Knieen bis ans Ende der Bühne fort — noch immer aber starrt das Auge nach dem schreklichen Kabinet — noch immer wehren die Hände die Todtengestalten zurük, die ihr in der Phantasie folgen — die Sprache ist verloren — unarticulirte Töne fließen — tropfenweise, wenn ich mich so ausdrükken darf — über die bebenden Lippen. — Ich gestehe es gerne: nie habe ich den höchsten Grad des Schrekkens so fü r c h t e r l i c h w a h r darstellen sehen. Allein die Darstellung ist zu w a h r, um zwekmäßig zu bleiben, um den Zuschauer aus aller Illusion zu reißen. Man vergißt in demselben Augenblik Isauren und Raul und das Kabinet mit den Leichen. — Man bedauert die Schauspielerin, daß sie sich so sehr anstrengt und ihre Knie wund rutscht — ja da der Zustand zu lange anhält — l ä n g e r a l s e s i n d e r N a t u r m ö g l i c h w ä r e — und selbst beim Gesange mit gewissen Strophen immer wiederkehrt — wird man gezwungen zu wünschen: daß es doch endlich vorüber seyn möchte! —

Nie habe ich die Wahrheit der Regel, welche Engel in seiner Mimik dem Schauspieler giebt, mehr gefühlt, als bei dieser Darstellung des höchsten Schrekkens. Engel sagt: der Schauspieler soll während der Vorstellung des Zweks des Spiels eingedenk, den Zuschauer nicht durch zu viel Natur aus der Illusion reißen. Hätte Md. Ch. die Farben in ihrem Gemälde nicht so stark und grell aufgetragen — hätte sie mehr sanftes hineingemischt — so wäre es zwekmäßiger und schöner geblieben; wäre selbst weiblicher geworden. Denn ein Schrek vor den Stärke, daß er diese Aeußerungen hervorbringen konnte, hätte sicher die Kraft der „sanften Isaure" überwältiget, und statt der Konvulsionen und Krämpfe, Erschlaffen und Hinsinken des Körpers bewirkt. — Md. Ch. verbarg uns auch den schönsten Zug des Gemäldes, nehmlich die Entstehung des Schrekkens. Sie muß freilich in das Kabinet hineingehen, aber wie leicht hätte es sich nicht machen lassen, daß man sie in dem Kabinette hätte stehen, und sich erschrekken sehen. Ich begreife wohl, daß gerade dies das Schwerste gewesen wäre — aber es war auch das Interessanteste und sein Weglassen verursacht eine Lükke, die der Zuschauer durch seine Phantasie ausfüllen muß.

In den folgenden Scenen mit Raul spielte sie vortrefflich — sie bebte vor Angst, indem sie sich freundlich stellte, und so gern thun wollte, als ob nichts vorgefallen sey. — Sie wußte in diese Scene viel Feinheit zu legen. Da endlich der Tyrann sie ergriff und in das Kabinet des Todes schleppen wollte, war ihr Spiel wieder fürchterlich wahr, zu wahr, um schön zu bleiben. Sie kreischte — schrie — wehrte sich — ließ sich schleppen u. s. w. — Etwas weniger Lebhaftigkeit — ein sanfteres Kolorit, hätte ihrem Spiele auch hier wohl gethan. Sie wäre selbst dadurch der Natur getreuer geblieben. Isaure ist ein Mädchen, die der alte Schloßvogt wiederholt sanft und zart nennt. Wie wäre es möglich, daß die Angst — der Anblik des fürchterlichen Todes auf sie keine andre Wirkung hervorgebracht haben sollte, als ihre körperlichen Kräfte im höchsten Grade aufzuregen und lebhaft zu machen? — Nur bei dem feurigen achtzehnjährigen Knaben war dies gedenkbar — das sanfte achtzehnjährige Mädchen wäre — erschöpft und überwältigt — beim Anblik des Tyrannen und seines blizzenden Dolches — zusammen gesunken. — Hätte Md. Ch. die lezte Scene so genommen, so hätte sie ein weit schöneres und zugleich wahreres Spiel gehabt. — Daß bei der Vorstellung noch überdem die Soldaten und der Marquis ein wenig zu lange wegblieben, und Raul sie hätte zehnmahl ins Kabinet schleppen und niederstoßen können — wenn er gewollt hätte — daß dadurch ihr angreifendes Spiel verlängert wurde — war ihre Schuld nicht. — Ueberhaupt ist der Schluß der sonst recht hübschen Oper dem Verfasser sehr mißglükt. Warum ließ er den Raul nicht durch die Hände des Geliebten der Isaure fallen, der jezt — ein Ritter — in der ganzen Oper nichts thut als daß er einen Brief schreibt! doch die Beurtheilung der Stükke selbst gehört ja nicht in meinen Plan.

Sehr schön spielte Md. Ch. in der kleinen Oper: das Geheimniß, als Cecilie — die eifersüchtige Frau. Einige einzelne Züge und Bilder geriethen ihr ungemein wohl. Ihre Eifersucht verrieth sich zuerst durch die freundliche gezwungene Höflichkeit, welche zwischen Eheleuten immer ein Beweis ist, daß etwas auf dem Herzen liegt, dem man gern Luft machen möchte. — Meisterhaft war der Ton in ihrem Betragen gegen die arme Angelika, in welcher sie den Gegenstand ihrer Eifersucht gefunden zu haben glaubte — schneidende Kälte, mit freundlicher Höflichkeit gepaart. Schade daß die vielen einzelnen Schönheiten ihres heutigen Spiels nicht mehr ein Ganzes ausmachten — daß sie so oft den Ton vergaß, in welchen sie zuweilen so glüklich einfiel! —

Als Joseph im kleinen Savoiarden erreichte sie bei weitem meine Erwartung nicht. Sie gab sich Mühe nicht im weiblichen, sondern in einem männlichen Tone zu spielen — aber der Versuch fiel nicht glüklich aus —. Sie machte den liebenswürdigen Jungen, der im rechten Tone vorgetragen, alles für sich einnimmt — zu einem ungezognen Flegel — der nicht wie er doch nur soll — droht, wenn man ihn zu sehr reizt — sondern der bei jeder Gelegenheit wirklich aus allen Kräften mit den Füßen um sich stößt und mit den Fäusten zuschlägt. — Ihr Gesang war heute sehr schlecht, doch ließe sich dies wohl durch eine zufällige Heiserkeit entschuldigen.

Noch muß ich sie in einem schönern Gemälde zeigen — als Azemia in den Wilden. Hier war sie ganz in ihrem Elemente. Sie hatte den Ton vortrefflich gefaßt, und blieb ihm ziemlich treu. Selbst in ihr Spiel beim Gesange — so oft es anfieng mechanisch zu werden — brachte sie mehr Abwechselung und Sinn — wozu sie nun freilich durch die Worte des Textes sehr aufgefordert wurde. Vortrefflich geriethen ihr die Scenen mit Prosper, wo ihr Gefühl der Liebe ihr noch ganz ein Geheimniß ist — wo sie sich scheuet, Prosper zu berühren, und ihn doch immer wieder zu sich winkt. Zulezt führte sie jedoch durch ihr etwas unrichtiges Spiel den Zuschauer irre. Sie soll für den Alvar bitten, weil sie ihn für ihren Befreier hält — aber Md. Ch. warf sich ihm in die Arme als eine Geliebte — blikte ihn so zärtlich an, drükte ihm die Hände — so daß wirklich eine Dame, die das Stük noch nicht kannte, frug; wird sie denn ihrem Proëper untreu? Ihr Gesang war heute schön — schöner als gewöhnlich; so wie auch überhaupt in ihrem Spiele mehr Ton und Zusammenhang lag.

Dies sind meine Bemerkungen über das Spiel der Md. Chevalier — einer Schauspielerin von wirklich großen Talenten, bei denen jeder bedauert, daß sie nicht sorgsamer in der Ausbildung derselben ist, um mit der Zeit unter den Künstlern einen Rang einzunehmen, der diesen Talenten angemessen wäre —.

Leben Sie wohl mein Freund! dieser Brief ist so lang geworden, daß ich fürchten müßte, Ihre Geduld möchte hierüber ermüden; — kennte ich nicht Ihre Liebe zur Kunst, die Ihnen auch Kleinigkeiten angenehm macht — wenn sie diesen Gegenstand betreffen.

Achter Brief.

Hamburg im Oktob. 1797.

Sie sollen heute eine sehr achtungswerthe Künstlerin: Madam Boursier, die erste Sängerin dieser Bühne, kennen lernen. Sie war die größte Zeit meines Hierseyns krank, daher habe ich sie nur wenig gesehen, jedoch in Rollen, in welchen sie ihre Talente und ihre Kunst sehr gut entwikkeln konnte. Da ich sie auch kurz vorher in Pyrmont spielen sahe, wo sie das Rosenmädchen von Salenci machte, werde ich auf diese Rolle zugleich Rüksicht nehmen.

Md. Boursier singt vortrefflich. Ihre Stimme hat so viel rundes, ihr Vortrag ist so leicht, sie überwindet die größten Hindernisse so ohne alle Anstrengung — daß sie jeden durch ihren Gesang bezaubert. Auch als Schauspielerin ist sie sehr schäzbar. Ihr Spiel hat Wahrheit, eine malerische Fülle, und Zwekmäßigkeit. Doch hat sie einige Fehler, die ich bemerken muß. Sie ist oft zu lebhaft — malt oft mit Stimme und Geberde zu viel und legt in ihre Bewegungen nicht Grazie genug. Dagegen weiß sie den Ton ihrer Rolle im Ganzen richtig zu treffen.

Hier die Belege!

In der kleinen Oper Silvain machte sie die Gattin. Sie hatte den Ton vortrefflich gewählt — spielte wahr, jedoch so lebhaft, daß sie jeden Augenblik an die Uebertreibung grenzte. Bei dem ersten Abschiede fiel dies schon auf. Ihre Bewegungen der Arme sind 'ein wenig zu weit ausgreifend, wodurch sie etwas von der Grazie verlieren, die man zu sehen wünschte. Wenn sie beim Gesange weinen soll, klingt ihre Stimme so stark heulend, als weine sie wirklich. Dies hat zwar die Wahrheit für sich — aber nicht die Zwekmäßigkeit, weil es den Eindruk des Ganzen mehr stöhrt als fördert, überdem geht die Schönheit der Darstellung dabei gänzlich verloren. Die Versinnlichung des Weinens — und noch dazu des lauten Weinens, darf der Schauspieler nur andeuten. Er kommt sonst nur in den Fall durch zu viel Natur den Zuschauer aus der Illusion zu reißen. In der Scene, wo sie sich mit ihren Töchtern unterhält, sang sie zum Entzükken schön, und auch ihre Geberdensprache war ohne allen Tadel dabei. —

Den Michel — oder Pietro — im kleinen Savoiarden machte sie vortrefflich. Ihre etwas zu weit ausgreifenden Bewegungen, waren hier ganz zwekmäßig, und trugen viel zu dem richtigen

Tone bei, in welchem sie spielte. Ihr Gesang war sehr schön.

Als Cecilie im Rosenmädchen von Salenci hatte sie ein interessantes Spiel. Sie drükte ihre Gefühle mit einer Wahrheit aus — ihre Gesten hatten so viel fein malerisches; aber sie fiel dabei in manche Uebertreibung, die ich gerne weggewünscht hätte. Ihr Gefühl wurde oft so lebhaft, und der Ausdruk desselben so stark, daß sie über alle Zwekmäßigkeit hinausgieng. So heulte sie z. B. die Worte: Colin est mort — in einem fürchterlich lauten Tone, und sank mit heftigen Zukkungen in Ohnmacht. — Ich kann den ganzen Geist ihres Spiels nicht schöner schildern, als wenn ich eine Scene umständlich zergliedere. Cecilie hält ihren Geliebten todt, verzweifelt, und faßt den Entschluß sich auch das Leben zu nehmen. Mit den Worten: Oui Colin, je partage ton sort — verläßt sie die Bühne, um ihren Vorsaz auszuführen. Tiefer Schmerz hat sie zur Verzweiflung geführt. — Diese kann sich auf eine zweifache Art äußern. 1) sie kann in laute Raserei übergehen, und so enden, oder 2) in sich selbst versunken mit stummen Schmerz die Lebenskraft gleichsam vernichten. Welchen Weg wird die muntre holde Cecilie gehen? Md. Boursier gieng den ersten. Die Worte: Oui Colin, je partage ton sort — sang sie mit aller ihr möglichen Anstrengung, suchte dabei die Heftigkeit der Ver=

zweiflung auszudrükken, und stürzte wüthend von der Bühne — aber alles zusammen genommen hätte sie doch müssen den zweiten gehen. Ceciliens ganzes Gefühl hängt an dem Geliebten; er ist todt, und sie unterliegt dem Schmerz über den Verlust. Ihre Kraft ist überwältiget — die Verzweiflung muß aus den thränenlosen Augen starren — und stumm, mit gerungenen Händen muß sie ihr Schiksal vollenden. — Daß dies leztre Spiel schöner, in der Darstellung intereßanter, und dem schuldlosen Mädchen angemessener gewesen wäre, wird wohl niemand bezweifeln; aber es liegt in dem Charakter der Französinnen, alles so viel möglich mit Lebhaftigkeit vorzutragen; sie verlieren die Wahrheit dabei selten aus dem Auge, aber haben nicht die Gesezze der Schönheit und Zwekmäßigkeit eben so wohl ihre Rechte?

Noch will ich Sie von einer Schauspielerin unterhalten, die ich vielleicht früher als die beiden vorigen hätte nennen sollen: Md. Bonnet, gewesene Msell Mers. Sie ist mehr und bessere Schauspielerin als die beiden genannten, steht ihnen aber als Sängerin nach. — Sie hat einen schönen Körper, und weiß in ihr sprechendes Minenspiel und ihr großes Auge ungemein viel Ausdruk zu legen. Ihre Darstellungen haben in einzelnen Bildern einen hohen Grad der Wahrheit, Schönheit und Zwekmäßigkeit. Doch ist es Schade, daß ihre Bewegungen zu viel Taktmäßiges, und oft einen Anstrich von wahrer Affektion haben. Sie deklamirt oft sehr schön — doch verändert sie — wie dies auch bei der Gestikulation der Fall ist — den Ton nicht genug nach der Verschiedenheit der Charaktere; auch weiß sie nicht immer den höchsten Grad des Ausdruks für den rechten Moment zu wählen, und daher gerathen ihr naive Rollen unweit schöner als tragische. In ihrer Gestikulation herrscht noch ein wenig zu viel Einförmigkeit — für Negationen hat sie dieselbe Geberde wie die Chevalier, nur bedient sie sich derselben so oft nicht.

Hier die Belege!

Lanassa. Sie zeigte sich in der Rolle als eine denkende Künstlerin, die nicht blind ihrem Gefühle folgt. Aber warum war ihr ihr Gang so ganz abgemessen, als ob sie dem Takte der Musik folgte? daß die übrigen Mitspieler eben so giengen, gereicht ihr doch nicht zur Entschuldigung, wenn es auch den Fehler weniger auffallend machte. In der ersten Scene mit Fatimen, und vorzüglich in der Scene bei der Erkennung des Bruders, spielte sie vortrefflich und meisterhaft. — In ihrem Tone lag die feinste Empfindung, in ihrem Spiele eine schöne Wahrheit — aber warum trug sie die Farben so stark auf, daß nothwendig jede Nuance ihres schönen Gemäldes, und zulezt gar die Haltung verloren gehen mußte? Wie soll Lanassa noch genügen, indem sie halb wahnsinnig zum Scheiterhaufen wankt; wenn sie schon in den erstern Scenen alle ihre Kraft verschwendet, sich schon auf der höchsten Stufe gezeigt hat, die sie zu erreichen fähig war? — Die lezte wichtige Scene der Wiedererkennung des Montoldan mißrieth ihr ganz. Nichts wurde hier motivirt, kein Uebergang des Gefühls ausgedrükt. — Nichts von dem freudig staunenden Schrekken — nichts von dem entzükkenden Gefühl, das das Herz erschüttert und in seinem Ausdruk so nahe an den Ausdruk des Schmerzes hinstreift. — Mit einem männlich stark klingenden Schrei, sprang sie vom Boden auf und fiel in seine Arme. Nur ein gefühlloses Wesen, das Gefühl heucheln wollte, hätte es in der Natur so machen können. Diese Nachläßigkeit von Md. Bonnet war so unverzeihlicher, da dies der wichtigste Moment der ganzen Rolle — der interessanteste für den Zuschauer war — der schon lange voll Erwartung harret, wie Lanassa sich nehmen wird, wenn sie endlich den Geliebten ihres Herzens wieder sieht; wie unangenehm muß nun die Täuschung seyn, wenn Lanassa sich — gar nicht nimmt.

Als Isabelle in Molliers Ecole des Femmes ließ sie wenig zu wünschen übrig! Ein solches Gemälde voll Natur, Wahrheit und liebenswürdiger Naivität, habe ich nicht leicht gesehen. Die bekannte beichtende Erzählung an den alten eifersüchtigen Arnolph war ein Meisterstük. Wie passend war der Ton der Sprache — wie täuschend wahr ihr Geberdenspiel! — Nur zulezt bei der Entführung nahm sie den ganzen Ton etwas **gebildeter** — die Verlegenheit nahm unmerklich etwas von dem gezierten Wesen an, worin sie so leicht fällt; und dies gab eine kleine Disharmonie, die vielleicht nur deshalb bemerkbar wurde, weil das Ganze sonst so schön zusammenhängend war. Als Isabelle im Glorieux von Destouches, und in mehrerern Rollen, die dieser ähnlich sind, verdient sie den Beifall nicht. So bald sie eine Dame von feiner Erziehung und Bildung machen soll, nimmt ihr Ton ein **geziertes, gezwungenes Wesen** an, das aus ihren oft schönen Bildern die Natur verwischt.

Als Zaire — in dem bekannten Trauerspiel von Voltaire — war ihr Spiel sehr dem Spiel der Lanassa ähnlich; doch hatte im Ganzen die Darstellung mehr Zusammenhang. Freilich hat Voltaire in die ganze Rolle keinen sehr **hervorstechenden** Moment gelegt, denn in der Hauptscene der Erkennung des Vaters, liegt das vorzüglichste Interesse auf Lusignan; Zaire und Nernsan sind nur Nebenpersonen. Ihre schönste Scene ist die mit Nernsan, wo Liebe und Religion in ihr kämpfen und diese Scene malte sie vortreflich und wahr aus. Noch schöner entwikkelte sie die Scene mit Crosman, da sie sich rechtfertigt. — Innige Liebe, die unter dem Zwang vermeintlicher Pflichten sich nicht ganz zu enthüllen wagt, die das Ziel, welches sie sehnlich wünscht — vermeiden zu müssen wähnt — dies drükte ihr Spiel mit Wahrheit aus.

Im kleinen Matrosen macht sie Fülberts Geliebte. Sie hat nur eine Scene darin, die sie recht brav macht, nehmlich die Erklärung mit Fülbert. Schade nur, daß die **unschuldige Verlegenheit**, die sie hier darstellen soll, in ihrem Spiele einen feinen Anstrich von Koquetterie annimmt, der sie ein wenig verdächtig macht. —

Ueberall zeigt Md. Bonnet indeß ein großes Talent für die Kunst und Fleiß in der Ausbildung desselben. Es kann nicht fehlen, daß sie nicht einst auf diesem Wege ihren Plaz unter den vorzüglichsten Künstlerinnen einnehmen sollte.

Neunter Brief.

Hamburg im Oktob. 1797.

Ich fahre in der Beurtheilung der Damen auf dieser Bühne fort. — Md. Pugferat hat vielleicht weniger wahres Talent für die Bühne, wie die vorhergenannten; aber offenbar die mehrste und richtigste Ausbildung. Ich will gern glauben, daß sie nur für ein Rollenfach ganz passend ist, nehmlich für lustige, intriguante, coquette Weiber — aber da leistet sie sehr viel. Ihre Sprache hat eine so feine Gewandheit, ihre Geberde eine so malerische üppige Fülle, ohne in Uebertreibung zu fallen — ihre Gesten sind so wahr, so sprechend und zwekmäßig — daß sie in mehreren Scenen dieser Art mir nichts zu wünschen übrig gelassen hat. Ich sahe sie in

vieux Celibataire von d'Harleville die Md. Evrard machen. Den Ton der ganzen Rolle hatte sie sehr schön gewählt, und blieb ihm in jedem Augenblik getreu. Ihre Darstellung war durchaus ein Ganzes. Wie fein war ihre Mimik, wie biegsam ihre Sprache. — Aus der Scene, wo sie den alten Hagestolz in die Presse nimmt, und ihn gleichsam zwingt, ihr eine Erklärung zu thun, machte sie ein wahres Meisterstük. Die feine, und doch zubringliche Coquetterie, die so richtig berechnet und jedem Moment so ganz angemessen ist, würde einer deutschen Schauspielerin sehr schwer geworden seyn! — als Md. Valmare in der Mariage Secret zeigte sie sich als eine große Künstlerin. Sie erschöpfte mit ihrer schönen, wahren und durchaus zwekmäßigen Darstellung die Rolle ganz. Welch eine leichte Grazie war über ihr ganzes Spiel verbreitet — welch eine Uebereinstimmung im Blik, Sprache und Geberde in jedem Moment. — In der Scene mit Merrat, wo sie ihm noch zulezt ein Näschen dreht, erschöpft sie alles, was schalkhafte Schlauheit eines Weibes zu leisten vermag. — Wie innig flehte sie den alten Onkle nicht um Verzeihung, und wer mußte nicht heimlich mit ihr lachen, da sie sich längst der Wand hereinschlich, um sich über die seltsame Verlegenheit der Gesellschaft, die durch Emiliens Bekenntnisse wie aus den Wolken gefallen war — lustig zu machen!

Ich bedaure, daß eine Krankheit der Md. Puyferat Schuld war, sie nicht in mehrern Rollen zu sehen, und behalt es mir vor, ihr vortreffliches Spiel in dieser Rolle an einem andern Orte ausführlich zu zergliedern.

Msell Duquenay ist eine Theaterpuppe ohne Talent und ohne Bildung. Sie ahmt in ihren Bewegungen beständig und fast ohne alle Abwechselung das mechanische Spiel der Hände der Md. Chevalier nach — ihre Sprache ist überall dieselbe, und ihr Gesang mittelmäßig.

Md. Leray macht in der Oper die alten Mütter; aber selten mit Glük. Ihr Spiel ist nicht ohne Wahrheit, aber oft durch ihre abscheulichen Uebertreibungen ohne allen Zwek. Aus der alten Jungfer in der Aussteuer macht sie die abscheulichste Karrikatur, die man sehen kann. Selbst als Madam Thomas im kleinen Matrosen, wird ihr Spiel oft unausstehlich.

Madam Pierson, Madam Mees und Md. Adam gehören zu den ganz gewöhnlichen Rollenmacherinnen, von denen man weder Gutes noch Böses zu sagen weiß. Msell Langeau gehört gleichfalls zu dieser, auf allen Theatern zahlreichen Klasse. Eine Ausnahme muß ich noch bei der kleinen Msell Pierson machen, ein Kind von 10 bis 11 Jahren, die ein ungemeines Talent für die Kunst und für ihre Jahre eine seltene Bildung verräth. Schade daß sie oft in Rollen erscheint, wo sie den Ton einer erwachsenen Liebhaberin nachahmen muß — ihr Spiel erhält dadurch einen Anstrich von Unnatur, der vielleicht sich nie wieder verwischen läßt.

Zehnter Brief.

Hamburg im Oktob. 1797.

Hier mein Freund! haben Sie die Beurtheilung der männlichen Personen dieser Bühne. Doch werde ich, um Ihre Geduld nicht zu sehr auf die Probe zu stellen, nur das Spiel der vorzüglichsten Künstler genauer zergliedern. Den Anfang mache ich billig mit

Mr. Mees dem Vater. Ein Mann von grosen, schönen und männlichen Wuchse, der oft in sein Spiel eine bewundernswürdige Kraft zu legen weiß. Er zeigt oft, daß er den ganzen Ton seines Spiels sehr richtig und den verschiedenen Charakteren gemäß abändern kann — aber er thut es selten. Sehr oft hält seine Mimik die Kritik aus — oft ist sie dagegen mechanisch und zweklos. Seine Deklamation ist oft sehr wahr — oft ohne Empfindung und Raisonnement. Kurz dieser Künstler leistet nicht immer, was er leisten kann, noch weniger was er leisten würde, wenn Fleiß und Studium seinen Talenten gleich wären. — Er hat indeß seine Rollen jedesmal in seiner Gewalt, und macht ein gewisses Ganze daraus, das fast immer gefällt, wenn man nicht auf die einzelnen Theile zu viel sieht, aus denen es zusammengesezt ist. Er ist ein guter Baßsänger, nur ist seine Stimme ein wenig zu stark und er sucht sie nicht genug zu mäßigen.

Hier die Beweise dieses Urtheils:

Als Kapitain im kleinen Matrosen befriedigt er beinahe alle Forderungen der Kritik. Nur anfangs fällt es auf, daß der rauhe Ton, in dem er spricht, angenommen, und nicht natürlich ist — auch hält er ihn nicht. Bei der Erzählung des alten Thomas, von der Idee seiner Frau — malt er die Aufmerksamkeit mit vieler Wahrheit und einem immer steigenden Interesse. Nur in der lezten Scene, wo er den alten Thomas zur Unterschrift des Ehekontrakts bereden will, wird sein Spiel ein wenig matt, und fällt aus dem kraftvollen Tone, in dem er anfängt.

Als Tonnelier, in der niedlichen Oper dieses Namens, hat er mir weniger gefallen. Sein Spiel ist darin ohne Haltung und vesten Charakter. Er ist ein ganz andrer Mann, wenn er als ein junger Liebhaber sich — während das Mädchen singt — bei ihr an die Erde nieder sezt, und mit der vollsten Jugendkraft aufspringt, da er seinen Nebenbuhler gewahr wird — als da er ganz in der Manier eines alten Gekken ihre Hand küßt, und sich kraftlos mit der Tonne herumwerfen läßt.

Ueberhaupt scheint das komische Spiel seine Sache nicht zu seyn, weil er zu oft aus dem angenommenen Tone fällt.

Als Raul barbe bleue in der bekannten Oper spielte er mit ausgezeichnetem Beifall; der aber nicht ganz verdient war. Eine schönere Figur zum Raul wird man sich indeß kaum denken können als er in seinem geschmakvollen Kostüm darstellte. Sein Spiel war inzwischen nicht zusammenhängend genug; er fiel zu oft aus dem Tone des wahren Charakters, den er zuweilen gut traf. So wurde z. B. die Erklärung an Jsauren in einem viel zu sanften Tone vorgetragen, als daß sie Rauls barbarischem Charakter hätte angemessen seyn können. In der lezten Scene verlor er die Zwekmäßigkeit ganz aus den Augen. Am andern Ende der Bühne ergriff er Jsauren mit der linken Hand, in der rechten den Dolch, den er alle Augenblik, indem er sie langsam über die Bühne zog, in die Höhe zukte, ohne zuzustoßen. Zu welchem Ende das? Wollt er sie nur in dem Kabinette morden — wozu zukte er vorher den Dolch so oft vergeblich? war der Ort ihm gleich — warum stieß er nicht zu? auch dann nicht, da er den Marquis auf sich eindringen sah? das Schleppen über die Bühne, mit gezüktem Dolch war auf jeden Fall unzwekmäßig; Er hätte sie müssen drohen auf der Stelle zu würgen — oder ohne Dolch nach dem Kabinet schleppen.

In der Nina machte er den alten Georg — eine nicht viel bedeutende Rolle, welche mich indeß an den alten Herquin im Rosenmädchen erinnert, die ich gleichfals von ihm machen sah. Charaktere der Art, alte ländliche Greise, gerathen ihm sehr gut. Er stellt sie mit Wahrheit und Lebhaftigkeit dar: doch grenzte sein Vortrag in der lezten Rolle oft an Uebertreibung. Das schöne Lied: O ciel! entend u. s. w. trug er mit der größten Anstrengung der Stimme vor, und vorzüglich sang er das Wort: entend — so stark und laut, als ob er sich den Himmel durchaus taub oder harthörig gedacht hätte.

Ich habe ihn noch in mehrern Rollen gesehen, doch dies mag hinreichen, mein obiges Urtheil zu bestätigen.

Mr. Vanhove. Ein Mann von vielen Talenten, der indeß durch falsche Bildung einen so unrichtigen Geschmak angenommen hat, daß er jeden Augenblik über die Natur hinausgeht, die gewöhnlichsten Dinge übertreibt, und nach jeder Fliege gleichsam mit der Keule des Herkules schlägt. Seine Mimik ist das sonderbarste was man in der Art sehen kann. Jedes Gefühl soll ausgedrükt, jeder Begriff soll gemalt werden, gleichviel, ob er den Gesichtspunkt nicht verrükke, oder die Aufmerksamkeit zerstreue — und bei all der Ueberladung, sind seine Bewegungen sehr einförmig — Dagegen werden sie mit einem Aufwande von Kraft hervorgebracht — daß die ausgestrekten Arme, die Hände, mit den fast immer etwas krampfig zusammengezognen Fingern, zittern und beben — die Gesichtsmuskeln schwellen auf und zukken, und die Stimme klingt so fürchterlich schreiend, daß man anfangs kaum die Worte verstehen kann. — Seinen Geberden ist oft nicht ein starker Grad von Wahrheit abzusprechen — aber Schönheit und Zwekmäßigkeit sind ihm unbekannte Gesezze.

Sein Spiel ist fast — nach den Zügen die ich eben angegeben habe — in allen Rollen gleich, ob er wohl dem Charakter gemäß, den Ton etwas abändert. So legt er in die Rolle des Oberbraminen im Lanassa viel Stolz, und in Lusignan, in Voltairs Zaire, sucht er das Alter zu zeigen. Doch bleibt er sich in der Hauptsache überall gleich. Als Oberbramin hob er gegen den jüngern Braminen einmal die geballten Fäuste hoch über den Kopf empor — doch ich brauche mich in keine weitläuftige Zergliederung einzulassen, weil ich eine Sache nur immer wiederholen müßte.

Mr. Bergamin; als Komiker ein großer Künstler. Sein im höchsten Grade komisches Spiel, hält in einigen Rollen die Kritik sehr gut aus — schade daß er in andern der Gallerie, — die nicht selten auf den ersten Ranglogen befindlich ist — durch Grimasse ein Opfer zu bringen scheint — so gut er sich wirklich vor Uebertreibungen hüten kann, wenn er will. Seine Geberden sind wahr, oft sehr malerisch und zwekmäßig, seine Sprache fast immer angemessen. — Seine Darstellungen machen mit wenig Ausnahmen immer ein Ganzes. Was ihm zu wünschen wäre, ist etwas mehr Kraft — die man sehr oft vermißt. Der Hauptcharakter ist eine leichte Tändelei; in welche er oft viel Feinheit zu legen weiß.

Den Vater Thomas im kleinen Matrosen macht er sehr gut. Die Erzählung von „dem was seine Frau sagt" ist ein Meisterstük des komischen Spiels. Noch schöner, und ein Meisterstük in seiner Art, ist seine Darstellung des komischen Bedienten im Geheimniß; wo er durchaus das Lächerliche an der Grenze der Uebertreibung hält, ohne herüber zu schreiten. Sein Ernst bei der Versicherung, daß jemand hinein gegangen sey, ohne heraus zu kommen — seine sich klug dünkende Manier gegen Angelika — sein panischer Schrekken beim Verschwinden des Briefs und des Koffers, und die trokne Versicherung: daß es der Teufel sey, der da spuke, und daß er Madam selbst noch holen würde u. s. w. wurden unverbesserlich vorgetragen. Aber auch schwache Alte im ernsten Tone glükken ihm vortrefflich, z. B. den Intendanten im Raul Blaubart macht er mit Wahrheit und in einem passenden Tone. Weg wünscht ich indeß seine oft ganz in Karrikatur ausartende Kleidung, den gerade vom Kopf wegstehenden mit rothem Band bewikkelten Haarzopf u. s. w.

Fast noch nie habe ich den wahren Ton des Trunks so schön darstellen sehen als von ihm in der Rolle des Sep im Tonnelier. Von dem schwimmenden Blikke des Auges, bis in die Spizzen der Zehe, war nichts Nüchternes an ihm. Schade daß er — um ein Paar mal mehr klatschen zu hören — ein Paar mal mehr niederfiel, als er nöthig hatte. —

Mr. Dubreuil; ein junger Mann, der einst für die Kunst sehr viel verspricht. Er ist ohne Ausnahme der beste Deklamateur auf der ganzen Bühne — der den Ton der Empfindung richtig zu treffen — ihn zwekmäßig abzuändern, und die höchste Kraft auf den rechten Moment zu versparen weiß. Er drükt viel durch den Takt seiner Rede aus, und sezt seine Emphasen so richtig und zwekmäßig zusammen, daß man sein fleißiges Studium dieser Kunst unmöglich verkennen kann. Seine Geberdensprache hat bei weitem der Grad der Vollkommenheit nicht; sie ist im Ganzen zu steif und zu arm. Von Malerei weiß er wenig, und seine Bewegungen und Stellungen sind oft — in Rük-

Rüksicht der Hände und Arme — parallel, welches gegen die Gesezze der Schönheit ist. Will er zur Seite auf einen Gegenstand deuten, so wirft er gewöhnlich beide Hände in einer kreisförmigen Bewegung herum, und schleudert sie dann mit schlaffen Armen von sich weg — eine Bewegung, die allenfalls dem Pantomimen, nicht aber dem Schauspieler erlaubt ist. — Im Ganzen weiß er den Ton seiner Rolle, nach dem individuellen Charakter und der Situation, in welcher er auftrit, noch wenig abzuändern.

Den jungen Braminen in Lanassa macht er sehr schön — Die Scene bei der Erkennung seiner Schwester war voll Natur und Leben. Eben so schön gerieth ihm Sterestan in der Zaire. Die erste Scene, wo er dem Orosmann vorgestellt wird, läßt fast nichts zu wünschen übrig. Das Steife in seinem Betragen, das so nahe an Ernst grenzt, war hier ganz an seiner Stelle. — Keineswegs gelingt ihm aber in diesem Grade im Lustspiel der Liebhaber. Hier ist sein Spiel viel zu kalt, seine Geberde zu mager — ja oft unausstehlich. Nur wenn er starke Gefühle und Leidenschaften auszudrükken hat wird er lebendig.

Mr. Kalais, ein ziemlich bejahrter Mann, der komische Alte und Charakterrollen sehr brav, aber alle aus einem Tone und über einen Leisten macht.

Sein Spiel hat oft viel Wahrheit und Zwekmäs̈igkeit, in seine Geberden weiß er oft eine treffende Malerei zu legen. Am schönsten entwikkelt er seine Talente als Arnolph in Moliers Ecole des Femmes — wo er mit vielem Beifall auftrit.

Mr. Marchal, ein Schauspieler von ächt komischen und ausgebildeten Talent. Schade daß er den Ton seiner Rollen dem Charakter, welchen er darstellen soll nicht genug anzupassen weiß. Sein Spiel hat viel Wahres und Zwekmäßiges. In dem kleinen Lustspiel l'amant auteur et valet, macht er den Frontin. Die Scene mit der Entwerfung des Romans macht er vortrefflich. In dem Lustspiel: Crispin Medecin — entwikkelt er als Krispin viele Talente, kommt aber oft dem wahren Harlequin zu nahe. Unmöglich kann man indeß das Lachen lassen, wenn er auf der Tafel liegt, und der Arzt ihn anatomiren will — als Jacques Spleen konnte er seinem, sonst ziemlich gut gewählten Tone nicht Kraft genug geben, daher schien es, als obs kein Ernst mit seinem Erschießen gewesen sei. Im Ganzen wär' ihm etwas mehr Geschmak in Rüksicht des Schiklichen und Schönen in seinem Vortrage zu wünschen.

Mr. Pierson, ein Schauspieler von wenig Talent, aber vieler Routine. Er weiß in sein Spiel nicht die mindeste Kraft zu legen — ob es gleich zuweilen wahr und zwekmäßig ist.

Mr. Adam; macht große, wichtige Rollen, aber herzlich schlecht. Seine Mimik besteht größtentheils in willkührlichen, nichtssagenden Bewegungen, ohne Schönheit und Zwekmäßigkeit; seine Deklamation im Schreien, daß einem die Ohren gellen. Wehe denen die in seiner Nähe stehen wenn er den Montalban in Lanassa, oder Orosman in Zaire macht — die Kräfte seiner Lunge sezzen in Erstaunen. Etwas Steiferes und Unbefriedigenderes als sein Spiel im Glorieux kann man nicht sehen —

Mr. Manreau und Mr. Duquenoy — zwei gute Tenorsänger, von denen der leztere zwar viel Kunst, doch eine zu schneidende Stimme hat. Als Schauspieler gehören sie zu den Rollenmachern, über welche ich mich schon oft erklärt habe. Ihre Geberdensprache ist größtentheils willführlich und ohne Bedeutung — von Deklamation haben sie wenig Begriffe. Alles dieses gilt auch von Mr. Eugene, der sonst ein braver Baßsänger, und Mr. Plumetet, der bloß Schauspieler ist, doch weiß lezterer seinem Spiele zuweilen etwas mehr Bedeutung zu geben.

Mr. Calais fils verdient Aufmerksamkeit. Er ist zwar nur noch Anfänger, der alle Rollen aus einem Tone macht; aber er bemüht sich, und oft mit glüklichem Erfolge, Natur und Leben in sein Spiel zu bringen. Am besten gefällt er als Prosper in den Wilden, wo ihm die Scene, wo er vom Felsen herab mit seinem Vater spricht, ehe er ihn kennt — recht gut gelingt. Im Ganzen ist sein Spiel noch ein wenig zu trokken und mager, und seine Deklamation hat nicht Feuer genug. Sein Gesang ist gut und geschmakvoll.

Mr. Mees fils, Mr. André und Mr. Vanhove sind sämtlich Anfänger, über die wenig zu sagen ist.

Hier mein Freund! haben Sie eine kurze Charakteristik dieser Bühne. Ehe ich Ihnen indeß über das Ganze meine Bemerkungen mittheile, erlauben Sie mir noch etwas über eine Eigenheit zu sagen, die allen Mitgliedern gemein ist, und die ich fast auf allen französischen Theatern angetroffen habe. Die Herrn und Damen sprechen in ihren Rollen nicht so wohl mit denen, an welche die Reden gerichtet sind, als mit dem Publikum. Einige treiben diese Gewohnheit so weit, daß sie zur wahren Lächerlichkeit ausartet. Wirklich können Sie sich zuweilen — und ganz vorzüglich von den Damen — Versicherungen von Treue und Zärtlichkeit ins Gesicht sagen hören — indem der, welchem sie eigent=

lich gelten, unangesehen daneben steht. — So unverzeihlich diese Gewohnheit in Rüksicht der Kunst ist; so leicht gewöhnt sich der Zuschauer daran, vorzüglich wenn er, ohne Kenner der Kunst zu seyn, bloß Unterhaltung sucht. Wenn einige Mitglieder auf dieser Bühne zuweilen eine Ausnahme machen, so ist es Dubreuil, Bergamin und Mees.

So wie Sie jezt die Gesellschaft kennen, werden Sie ohne meine Bemerkung sehen, daß sie kein vollkommenes — oder nur vollständiges Ganze zu bilden fähig ist; aber dennoch macht sie — und vorzüglich in leichten Lustspielen und Opern — eine Art von Ganzen, daß, so lange man nicht zu sehr ins Detail geht, recht gut gefällt. Die Leute sind alle, wenn ich mich so ausdrüffen darf — mit einander eingespielt, wissen immer ihre Rollen vollkommen auswendig, und erlauben sich sehr selten auffallende Nachläßigkeiten. Das Arrangement ihrer Stüffe ist gewöhnlich recht gut; doch bin ich mit der Garderobe nicht zufrieden. Ich sehe nicht ein, was die Männer vor Grund haben können, in einem Stük z. B. von Mollieren, welches doch gewöhnlich so allgemein und schön gezeichnete Charaktere aufstellt, daß sie auch auf unsere Zeiten anwendbar sind — sich noch in dem Geschmak zu kleiden, wie man damals gehen mochte, indem die Damen gewöhnlich modern gehen? Ist es nicht in der That lächerlich, wenn z. B. im Glorieux — einem

Lustspiel von Destouches — der Prahler in Kleidern auftrit, die allenfalls zu Ludwigs des Vierzehnten Zeiten mode waren — im rothen Samtrok, mit kurzen breiten und steifen Schößen, überall mit Gold gestift, und mit langen steifen, bis an den Ellbogen gehenden Aufschlägen — indeß die Damen in demselben Stük ihren Puz nach dem neuesten Schnitt geformet haben? — Doch ist dies nur im Lustspiel der Fall, bei größern Stükken muß man bekennen, daß sie viel auf Garderobe wenden. Im Raul — in der Zaire, der Lodoiska und anderen Stükken der Art, ist ihre Garderobe geschmakvoll und prächtig.

Das Dekorationswesen ist weit besser und geschmakvoller als auf der deutschen Bühne, doch ist auch hier noch vieles zu verbessern übrig. Die Malerei ist ziemlich, allein die Ideen sind oft lächerlich. So sind z. B. die äußern Thürme in der Mauer, um das feste Schloß des Grafen in der Lodoiska nicht höher, als daß man mit der Hand herauf reichen und die Ziegel herabnehmen kann. Auch das Abbrennen des Schlosses in demselben Stükke war lächerlich. Das Theater stellte einen Saal vor, aus dem man durch die offnen Fenster einige brennende Lunten herabfallen sah, und nun stürzte plözlich, ohne daß man die eigentliche Ursache gewahr wurde, die ganze Wand zusammen.

Das Innere des Hauses ist bequem und wohl eingerichtet, und so ziemlich geschmakvoll verziert. Die Träger der Logen hat man in Palmbäume verwandelt, die oben an der als Himmel gemalten Dekke ihre Blätter verbreiten. Auch die Idee, den Kronenleuchter in der Mitte der Dekke durch zwei gemalte Genien tragen zu lassen, ist nicht übel, wenn die Ausführung nicht so abscheulich gerathen wäre.

Doch — ich muß endlich abbrechen — vielleicht habe ich Ihre Geduld schon ermüdet! — Nächstens sollen Sie etwas von der Berliner Bühne hören. — Leben Sie wohl!

Nachschrift.

Nachschrift.

Der Verfasser dieser Briefe war willens, in einigen folgenden Heften alle deutsche Bühnen auf eine ähnliche Art zu beurtheilen: dann die wirkenden Ursachen aufzusuchen, welche der Vervollkommnung der deutschen Bühnen so sehr im Wege stehen, und Mittel vorzuschlagen, ihnen abzuhelfen. — Allein während des Druks dieses ersten Hefts, haben wichtige Gründe den Verf. bewogen, von diesem Plane abzugehen.

Wir haben eine Menge von Zeitschriften, welche einzelnen — wichtigen und unwichtigen Gegenständen gewidmet sind, aber keine für die Bühne, von welcher sich für die Kunst und die Verbesserung des Theaterwesens überhaupt das Mindeste erwarten ließe. Dieser Mangel bei einem Gegenstande, der so sehr die Aufmerksamkeit des ganzen Publikums verdient — hat den Verfasser veranlaßt, eine Zeitschrift unter dem Titel:

Neue deutsche Dramaturgie

anzukündigen. Man wird sich Mühe geben, den Plan dieser Schrift so anzulegen, daß er alles um=

faßt, was der Künstler und Kunstfreund von ihr erwarten können.

Folgende Gegenstände wird man vorzüglich bearbeiten:

1) Theorie der Kunst, in einer fortlaufenden Reihe systematisch geordneter Abhandlungen, mit erklärenden Kupfern begleitet.

2) Uebersicht des Zustandes der Schauspielkunst und des Theaterwesens in Deutschland; in einer Folge kritischer Briefe über deutsche Bühnen, und Bühnen in Deutschland. Man wird sich dabei vorzüglich bemühen, die Ursachen aufzusuchen, welche Schuld daran sind, daß die deutsche Bühne weder das ist, noch das leistet, was man mit Recht fordern kann.

3) Werden interessante Charaktere aus bekannten Schauspielern entwikkelt, nach den Regeln der Kunst zergliedert, und in den wichtigsten Momenten in Kupfern dargestellt werden.

4) Beobachtungen aus dem Leben zum Besten der Kunst — Eigenthümlichkeiten und Pedanterien gewisser Stände und Volksklassen — besondere Aeußerungen der Leidenschaften, Affekten u. s. w. Mit Kupfern begleitet.

5) Bemerkungen über den wahrsten und schönsten Ausdruk der Gefühle und Leidenschaften, durch Vergleichungen der Werke großer zeichnender Künstler. Mit Kupfern begleitet. Der Verf. hat zu diesem Zwekke eine beträchtliche Anzahl

von Kunſtſachen geſammlet, und die berühmte-
ſten Gallerien benuzt. — Wie wichtig dieſer
Abſchnitt für den Künſtler und Kunſtfreund iſt,
fällt von ſelbſt in die Augen.

6) Ueber wahre und geſchmakvolle Theaterkleidung
mit ausgemalten Kupfern.

7) Bemerkungen über die bequemſte Einrichtung
der Schauſpielhäuſer — Bau der Bühnen —
Dekorationsweſen und Maſchinerien — erfor-
derlichen Falls mit Planen und Bauriſſen begleitet.

8) Kritiſche Bemerkungen über dramaturgiſche
Werke — über Schauſpiele und andre, in
Journalen zerſtreute Abhandlungen, die Kunſt
betreffend.

9) Hiſtoriſche Nachrichten von einzelnen Bühnen,
merkwürdigen Künſtlern u. ſ. w.

So ausgedehnt und vielumfaſſend dieſer Plan
auch iſt, ſo hoft der Herausgeber doch — vermöge
der Menge von Materialien, die er ſeit einer beträchtlichen Reihe von Jahren, mit anſehnlichen
Koſten, und Anſtrengung ſammelte — im Stande
zu ſeyn, ihn zur Zufriedenheit des Publikums auszuführen. Die Grundſäzze, von welchen er in der
Bearbeitung der Kunſt ausgehet, ſind in den vorlie-
genden Briefen mehr angedeutet als entwikkelt —

doch hinreichend zu zeigen was man in der ange=
kündigten Zeitschrift zu erwarten hat.

Ueber den Zwek und wahrscheinlichen Nuzzen
derselben brauche ich nichts zu sagen — beides springt
aus dem Plane von selbst in die Augen.

Auch für ein geschmakvolles Aeußere wird man
sorgen. Jedes Heft — deren monatlich eins, 6 bis
8 Bogen stark erscheint, wird einen in Kupfer ge=
stochenen farbigen Umschlag erhalten; und mit 3
bis 5 Kupferstichen begleitet seyn.

Erfurt,

gedrukt mit Hoyerischen Schriften.